改變世界
的**好設計**

# 用手走路的發明王

## 身障發明家劉大潭

**故事提供** 劉大潭　**作者** 李翠卿　**繪者** 陳佳蕙

當你遇到困難時，輕易認輸是最傻的事，

一旦放棄，就什麼都沒有了。

——劉大潭

獻給勇敢追夢的你

# CONTENTS

## PART3 認識好設計：設計思考學習單



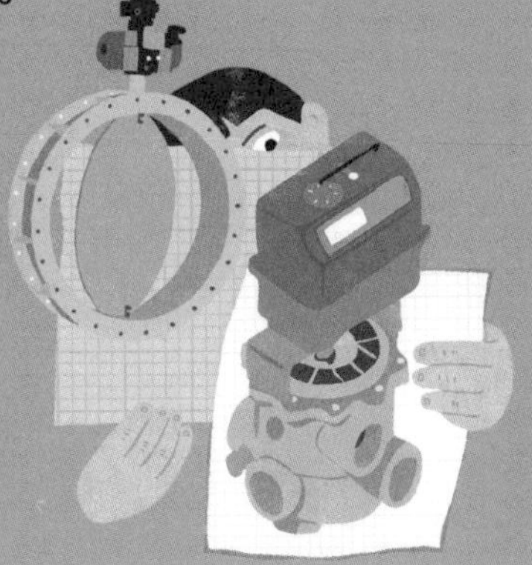

# 前言

想想看，如果有一天，你的腳不小心扭傷了，醫生說要休養半年後才能正常走路，那麼你該怎麼度過這些不方便走路的日子？你會乾脆請長假不要到學校上課嗎？還是你會坐輪椅、拿拐杖，或請家人和同學幫忙你克服種種困難前往學校呢？

對於生活中的各種不方便之處，有的人會選擇留在原地等待解答，有的人會善用現有的資源解決困難，但其實我們的選項可不只這兩種喔！還有一些人除了會思考如何解決眼前的問題，更會透過動手製作各種設計發明，來讓原本的困難不會成為束縛自己的障礙。

在這本書中，我們將介紹臺灣發明家劉大潭先生的故事，看看從三歲就因為被誤打了過期小兒麻痺疫苗，導致從小匍匐在地像隻小鱷魚般爬行的他，是如何克服自己的障礙，活出逆轉勝的燦爛人生。

看他如何透過自己的創造發明，不僅克服了自己生活中的種種不便，甚至進而為我們的社會發明了許多解決問題的好設計。

讓我們一同學習發明家用同理心作為設計的基礎，用知識作為創意的燃料，用熱情與意志面對挑戰，相信，我也能改變世界！

劉大潭在三歲那年因意外導致雙腿嚴重萎縮，

從此只能像隻小鱷魚一樣在地上匍匐爬行，

然而，身高只有八十公分的他，

不但不需要別人的同情與幫助，

更靠著他的發明專長造福社會人群。

他，是怎麼克服身體上的不便，開創出理想的人生？

# PART 1

# 小鱷魚的發明之路

# 01

## 「小鱷魚」的三個願望

三十年前的某一個晚上，有個男人一如往常，打開了電視，收看晚間新聞。看到其中一則新聞時，他整個人都怔住了，眼淚幾乎奪眶而出。

那一天，在南臺灣的某間學生租屋處，發生了嚴重火災，住在裡面的幾個大學生因為被困在高處，全都葬身火窟。這群年輕孩子的媽媽們趕到現場，面對已成焦屍的愛子，傷心的痛哭成一團。

那天晚上，這個男人躺在床上許久，卻怎麼樣也睡不著，腦海中始終揮不去那些媽媽們傷心流淚的模樣。

他反覆想著，在那個可怕的關鍵時刻，如果有一種裝置可以幫助他們從高樓逃生，或許就不會發生這種憾事了。

隔天一起床，他就開始進行構思，著手畫設計圖。他希望，這樣令人鼻酸的悲劇，可以從此不再發生。

幾個月後，幫助人們在意外發生時可以順利逃生的「免電源高樓緩降機」於是誕生，這是他最讓人津津樂道的一項發明，不但獲得了國內外發明獎項肯定，量產後還行銷世界各地。

這項發明的設計起點，不是為名，也不是為利，而是為了母親們一滴滴的眼淚。

除了「免電源高樓緩降機」以外，後來他還發明了許多優秀的作品，像是：可以讓游泳池一整年都能自動換水的「微電腦六通閥」，以及可以應用在焚化爐與各種工廠的「耐高溫橢圓碟閥」，這些都是基於他對社會的關懷而發明出來的傑作。

這個因為「關懷」，所以「創造」的男人是誰？他就是臺灣的發明家——劉大潭。

## 過期疫苗導致終身肢障

你一定很好奇，這個擁有金頭腦的優秀發明家劉大潭，是一個什麼樣的人吧？

如果你第一次見到他，你可能會有一點驚訝，因為他的外表，真的跟一般人很不一樣。他的身高只有八十公分，比很多三歲的小朋友還要矮小。

因為，他是個身障人士，無法像一般人一樣直立行走。

劉大潭三歲那年，因為被誤打了過期的小兒麻痺疫苗，引發了可怕的後遺症，他腰部以下完全癱瘓，雙腿嚴重萎縮，再也無法行走跑跳，若想移動，就只能以胸貼地，像一隻小鱷魚一樣匍匐在地上爬行。

劉媽媽當初帶兒子去打疫苗，原本是想預防小兒麻痺，沒想到反而讓孩子終身不良於行，她非常內疚，經常一想到兒子的殘疾，就忍不住

掉眼淚。

她很擔心以後當丈夫和自己老了以後，這個可憐的孩子會失去依靠，雖然劉大潭上面還有兩個姐姐，但在那個年代，女兒家出嫁以後就是別人家的人了，怎麼好意思指望她們繼續照顧弟弟呢？於是，劉媽媽便打算「再生一個弟弟」來照顧劉大潭，誰知道接下來竟然連生了三個女兒，一直生到第七個孩子，才終於如願生到兒子。

劉家家境本來就很貧寒，孩子一多，開銷就更大，就連買一瓶醬油，都得跟雜貨店賒帳，家裡經常連白米飯都吃不起，只能以番薯籤果腹。雖然時常過著三餐不繼的生活，但是劉爸爸劉媽媽盡力苦撐，含辛茹苦把七個孩子扶養長大。

## 無情的羞辱

因為身體的缺陷，劉大潭的成長過程蒙受無數異樣的眼光，很多人甚至認定這個孩子的人生已毀，沒有任何希望。

七歲時，劉家收到劉大潭的入學通知單，但劉媽媽擔心他到學校去會被同學歧視或欺負，因此把通知單直接扔進大灶燒了。劉大潭看街坊鄰居同齡的孩子都去上學了，忍不住問媽媽自己為什麼不能去學校讀書，媽媽便騙他說他比別人小兩個月，要隔年才能夠入學。

結果到了隔年，媽媽還是不捨得讓劉大潭去學校，這一拖，就拖到了九歲。

沒辦法上學，劉大潭只好留在家裡。有一天，有個親友伯伯到家裡作客，看到這個小男孩姿態怪異的在地上爬行，忍不住好奇的問：「你為什麼趴在地上？」

劉大潭很有禮貌的回答：「因為我沒辦法走路。」

這個伯伯聽了，仔細打量了劉大潭片刻，輕蔑的搖搖頭說：「你這個樣子，以後一定是找不到頭路的，我看只能當乞丐了。而且，也不可能有女人敢嫁給你，你這輩子不用想結婚生子了。」

當著劉大潭爸爸的面，這個伯伯仍然毫不客氣的說：「你這個小孩注定就是要當廢人了！」

雖然劉大潭天性樂觀，但是這番無情又殘忍的評語仍深深刺傷了

他，他難過的回到房間，忍不住嚎啕大哭了起來。

## 九歲許下的三個宏願

劉大潭並不是那種因為挫折就輕易放棄的人，別人的羞辱或許會打擊他，但無法摧毀他。

哭了一陣子，他擦乾眼淚，拿出一張白紙，然後在白紙上畫了三個圖案：第一個圖案是一頂學士方帽，第二個圖案是一個盛滿米飯的大碗公，第三個圖案則是一個襁褓中的小嬰兒。在這三個圖案旁邊，他寫下了一個數字：「30」。

這三個圖案，象徵了他的三大人生目標：

第一，學士方帽的圖案，代表無論如何，他都要想辦法上學，不但要上學，而且還要拿到大學文憑。在他那個年代，高等教育並不普及，大學生是「稀有動物」，但是劉大潭仍舊立下這個宏願，他告訴自己，無論遭遇何種挑戰，都要排除萬難完成學業。

第二，大碗公的圖案，代表劉大潭下定決心，絕對不要當乞丐，將來要找到能夠養活自己的大飯碗，雖然媽媽承諾他要生一個弟弟來照顧他，但他並不想依賴別人，他渴望能夠靠著自己的力量獨立。

最後一個圖案，也就是劉大潭的第三個願望，他畫了一個襁褓中的小嬰兒，則是要表示要結婚生子。就算身有缺陷，他仍相信自己有享受愛情、婚姻與天倫之樂的權利。而寫在圖案旁邊的數字「30」，則意味著「要在三十歲之前完成這三個目標」。

他把這張圖畫紙，貼在房間的門後面，每當關上門在房間獨處時，就可以看到這張圖畫紙，藉此提醒自己不要忘記。

這三個目標，對健全人而言都不容易達成，更何況是對一個身體有缺陷的身障者？但是，劉大潭不服輸，年僅九歲的他堅信，他不會一輩子都只能做匍匐在地上的悲慘「小鱷魚」，他會逼自己成長、茁壯，在三十歲以前，完成這三個人生夢想。

## 02

# 好想好想上學去！

「念大學、拿文憑」是劉大潭的頭號目標，但眼前的問題是：劉媽媽怕兒子被欺負，連小學都不讓他念。

而劉爸爸對於要不要讓兒子念書這件事，也拿不定主意，便到處去請教親友的意見，結果大家一看到劉大潭的身體狀況，都紛紛投下反對票：

「這孩子成天在地上爬，怎麼能上學？」

「大潭去學校，一定會被同學欺負、譏笑。」

村子裡有一個有錢人的太太還撇撇嘴說：「唉唷，你這孩子已經沒用了啦，根本是廢人啊，這樣吧！我乾脆送你一個臉盆，你帶他去市場或廟口乞討，起碼每天還可以要一點銅板回來。」

劉大潭一聽，嚇得趕緊扯住劉爸爸的衣角，低聲哀求說：「爸爸，你千萬不要把臉盆帶回家啊！」

其他街坊鄰居雖然沒有直接說他是「廢人」，也都不贊成他去學校讀書，大家你一言我一語的說：

「這種孩子念書無路用啦！去學一技之長比較實在。」

「像是幫人家刻印章，或是去算命啊，還讀什麼書？浪費而已。」

入学…

但是劉大潭已經在心中對自己許下承諾，鐵了心就是想讀書，為了實現求學願望，他使出渾身解數，幾乎可以說是「死纏爛打」來遊說父母讓他上學。

既然親友建議他去學刻印章或算命，他便拿這點來說服爸爸：「就算以後要刻印章，連字都不會寫的話，那要怎麼刻？要幫人算命，那也必須會寫字啊，不識字怎麼行？你還是讓我去上學吧！」

爸爸雖然覺得有理，但仍然有些猶豫，一方面是因為家裡很窮，付學費有困難，二方面是他自己也無法想像，這樣一個孩子，就算念了書，又能怎麼樣呢？

**他很聰明，快來辦入學！**

有一天，劉爸爸在西嶺國小門口徘徊了半天，剛好遇到學校校長，他便把煩惱對校長說了：「唉，我兒子腳有問題，大家都叫他去學一技之長，可是他每天都吵著要念書，吵到我都沒辦法專心做事了。」

校長聽了便問：「你這孩子腳有問題，那腦子呢？腦子有沒有問題？」

「這個，我也不知道……」劉大潭從小就有各種奇思妙想，劉爸爸也不敢斷定這樣算不算「腦子沒問題」。

「不然，你乾脆帶我去看看那個孩子吧。」校長很熱心的跟著劉爸爸回家，想親眼看看這個非要上學不可的孩子。

當校長第一次見到劉大潭，看見他清澈的眼神，就知道這孩子的腦袋瓜子絕對沒問題，校長故意丟出一個問題考劉大潭：「大潭，我問你，一個蘋果加一個蘋果，是幾個蘋果啊？」

劉大潭自信滿滿、不假思索的說：「兩個！」

於是校長轉過頭，笑著對劉爸爸說：「你這孩子很聰明啊，腦子好得很，趕快來辦入學！」

## 上學是每天最期待的事

因為校長這臨門一腳，劉爸爸終於同意讓劉大潭上學了，但是，新的問題來了：從劉家到學校，就算是正常小朋友，也要走上好幾十分鐘，劉大潭只能用爬的上學，該怎麼辦才好呢？

校長建議爸爸弄一輛小孩子騎的小三輪車給他當代步工具，並承諾會找其他小朋友來推劉大潭上學。隔天在朝會上，校長對著全校同學發出「英雄帖」，表示有一個名叫劉大潭的小朋友很想到學校上課，可是他不能走路，因此想徵求幾位小朋友自願推劉大潭上下學，這幾位熱心的同學，到了學期末就可以獲得獎勵與獎品。

果然，因為校長和幾位熱心小朋友的幫忙，劉大潭終於如願上了小學，他簡直欣喜若狂，每天最期待的事情就是上學，天還沒亮就已經起床、盥洗完，在門口等候要來推他上學的小朋友。

劉大潭最害怕的就是下雨天，因為當時南投山區的路面還沒有鋪柏油路，每到雨天路面泥濘，三輪車會卡在泥巴路上進退不得，於是只要遇到雨天，小朋友就不願意來推他上學，他就只能留在家裡，無法上學。因此，每次只要起床看到烏雲密布，劉大潭的心情也就變得陰霾起來，後來，每當劉大潭回想起這段回憶，便這樣描述：「外面一下雨，我的眼睛也會跟著下雨……」

## 大姊的愛心手搖車

劉大潭的大姊看到弟弟因為無法上學如此傷心，心疼不已，她在心中暗暗決定要幫弟弟解決這個問題。

當時，劉家大姊年僅十三歲，算起來也還只是個國中小女生的年紀，但因為家裡窮，她沒辦法升學，所以小學一畢業就去幫傭貼補家用了。劉大姊每天省吃儉用，每個月都想辦法至少存一百元，整整存了兩年多，等到終於存到一千八百元以後，去找了一家鐵工廠，為劉大潭訂做了一輛手搖三輪車。

劉大潭的腿不方便，但手是沒問題的，有了這輛手搖車以後，劉大潭從小學三年級以後，就可以不必依賴同學推車，自己獨立上下學了。一直到畢業，他每天一大早就「駕駛」著這輛滿載著姊姊愛心的手搖三輪車上學，往後的每一天，風雨無阻，從未缺過任何一堂課。

正因為這個學習機會得來不易，劉大潭格外珍惜。每天都精神抖擻的認真上課，下課後也勤於複習，因此他的課業成績非常優異，每次考試都是第一名。

因為他行動不便，下課時間無法像其他小朋友一樣到處玩耍，他索性把時間都花在吸收知識上，把學校圖書館裡的書都看遍了，雖然他的身體被障礙限制，但透過閱讀，他的心靈可以盡情探索、自由遨翔。

## 永遠不忘助他圓夢的貴人

對一般人來說，上小學讀書是很理所當然的事，但對劉大潭而言，卻是一樁必須費盡千辛萬苦才能完成的「里程碑」。

在這個艱辛的求學過程中，好心說服劉爸爸讓劉大潭讀書的校長，以及辛苦存錢打造手搖車，讓他可以自立上學的大姊，都是劉大潭生命中的貴人，他的心中一直對他們充滿感激。

每年教師節，劉大潭都會親筆寫卡片感謝校長，即使後來劉大潭從小學畢業後，到其他學校求學、出社會、開公司……仍沒有忘記每年寫卡片問候，直到幾年前，校長因年邁過世才中斷。至於大姊，劉大潭一直把她當成自己的母親一般敬愛。每年母親節，他都會準備兩個蛋糕，一個給生養自己的媽媽，另一個則是給他親愛的大姊。

後來，劉大潭雖然自己發明了其他代步工具，但大姊送的那一輛手搖三輪車，他始終沒有淘汰掉，仍慎重安置在他的公司裡作為紀念。在劉大潭心目中，這輛車遠比任何華貴名車還要貴重太多了，因為這輛車，讓他生命中首次嚐到「自立」的滋味，後來，經常受邀演講的劉大潭常無限感念的形容：「那是一輛帶我追逐夢想的車。」

完成小學學業，是一個很重要的起點。雖然那距離劉大潭「拿到學士學位」的目標，還有好長一段路要走，但是他有信心，相信自己會一步一步成功達陣的。

設計思考報報

# DESIGN POST

臺灣．南投
Taiwan, Nantou

劉大潭

## 大姊送的手搖車 一輩子珍藏的禮物

談到大姊送給劉大潭的手搖車，劉大潭感念的說：「我非常感謝大姊，因為她，讓我從小學三年級之後，可以獨立上學，不用再靠別人的幫忙。」劉家大姊當時以才不過十三歲的年紀，靠幫傭為家裡貼補家用，每天省吃儉用拚命存錢，為的就是幫弟弟訂做一輛方便代步的交通工具。

現在這輛手搖車，就放在劉大潭的速跑得工廠中，每個來工廠拜訪的訪客，也都會特地來看看這輛年齡將滿一甲子的陳年老車。對劉大潭來說，這不單單是一輛代步工具，更是一份滿載著情意、值得一輩子珍藏的人生禮物。

劉大潭和媽媽、兄弟姊妹合影。

劉大潭透過正向、積極、自信的態度，突破一般人對身障者的刻板印象，跨越身體上的束縛，走出自己的一條人生道路。

## 用自己的力量
## 走到想要去的地方

如果你看過劉大潭走路，恐怕會驚訝的說不出話來。從小雙腳嚴重萎縮的他，因為無法運用自己的雙腳挺身行走，因此在他七歲時，父親便教他用手撐著腳掌練習走路，後來他慢慢長大，除了使用自己創造的日常代步工具之外，平時他還是習慣用雙手支撐著腳上的皮鞋，用雙手的力量走路。

曾有人問劉大潭：「您為何不使用一般身障人士常用的輪椅和拐杖呢？」劉大潭覺得使用輪椅行動相當不方便且不自由，尤其是臺灣的都市街道規劃不理想，有很多地方使用輪椅都窒礙難行，常要有人協助才能到達。他還是喜歡凡事靠自己，用自己的力量，隨時走到自己想去的地方。

## 03 半工半讀築夢路

因為非常努力讀書，劉大潭以第一名的優異成績畢業於西嶺國小，光榮的領回了縣長獎。儘管成績優異，劉大潭的升學之路仍然相當坎坷。

在民國六、七〇年代時，很多窮苦人家的孩子都是念完國小以後，就開始工作貼補家用，而劉大潭又是個身障者，很多人都認為給這樣的孩子讀書，是一種「浪費」，紛紛建議劉爸爸讓劉大潭去學修手錶或擦皮鞋。

但是，劉大潭的夢想是「上大學」，他堅持要繼續升學念國中。但問題是，當時他家附近並沒有國中可以就讀，於是劉大潭每天努力的跟土地公、觀音菩薩、媽祖等神明禱告，承諾自己如果能上國中，一定會比念國小時加倍用功，希望老天爺能夠實現他的願望。

也許是時機正好，也許是心誠則靈，後來政府果然在西嶺國小旁蓋了鳳鳴國中，而劉大潭果然也兌現了他對「眾神明」的承諾，比之前更用功念書，三年後，再度以全校第一名畢業。

畢業後，劉爸爸希望兒子去學修手錶的技能，但劉大潭一心想要升學。後來，他發現臺中高工有「儀表修護科」，當時其實他並不很清楚這個科系在學什麼，只是從字面上判斷，認為這個科系似乎蠻符合爸爸的期待，又能滿足自己想升學的願望，便想盡辦法考了進去。

沒想到進去以後才發現，「儀表修護」跟修手錶是天差地遠的兩回事，儀表修護科學習的內容是工業儀表，像是飛機、輪船、工廠用的儀表等，絕對不是在桌上修理鐘錶。此外，因為課業需要，就讀這個科系的學生必須經常爬高爬低，對於像劉大潭這樣走路有困難的身障者來說，並不是很方便。

於是在老師的建議下，劉大潭轉往「機械製圖科」就讀，沒想到竟然意外的發現，這正是他一直以來最愛的「設計發明」啊！他又驚又喜，每天都學得津津有味。

## 從小嶄露發明家的特質

其實，劉大潭很小的時候，就已經嶄露出對機械的天分了。

像他這樣的身障孩子，日常生活中常遭遇許多不便，但劉家家境貧窮，根本無法提供劉大潭完善的輔具，來解決生活中的困難，更別提為他建置一個無障礙空間。

不過沒關係，劉大潭凡事都會自己動腦筋，想辦法！

在他十二歲那年，就幫自己打造了一臺非常好用的輔具——滑板車，這也是他人生中的第一個發明。

因為劉大潭從三歲開始雙腿就無法行走，只能在地上爬，不但移動

速度慢，難免還會把衣服弄髒。因此他心想，如果可以坐在一塊有輪子的板車上，不就可以解決這兩個問題了嗎？

他設法找來了一塊三十公分寬、七十公分長的廢木板，加工成一個可以安裝輪子的平臺；輪子的部分，則用爸爸從山上帶回來的圓形木頭改造，再把媽媽曬衣服用的竹竿穿過輪子當作輪軸，一臺克難式的滑板車就完成了！

有了這臺滑板車以後，劉大潭不但移動速度快了三倍，衣服也不會弄髒了。全家人看到他獨立解決了自己的問題，都感到很高興，也讓他更有動力想製造別的輔具。

舉個例子來說，因為他無法站立，搆不著洗臉盆，所以每天都只能端著漱口杯到水溝旁刷牙，為了解決這個問題，他用壞掉的電風扇馬達，做了一個可控制高度的升降臺，讓他可以搆得著洗臉盆，從此就能安心的在浴室刷牙洗臉，再也不用忍受水溝的臭味了。

這點點滴滴的小成就，當時就已經在劉大潭幼小的心靈中，埋下了「想當一個發明家」的種子。等到上了高工，轉科到「機械製圖科」，正是他最感興趣的領域，讓劉大潭對於「成為設計發明家」這個夢，又多了幾分盼望。

## 打工過錢關

不過，在圓夢以前，他必須先闖過眼前的難關，那就是——「錢」。因為劉大潭在國小、國中階段成績極佳，所以學雜費全免，但是要念高中，每學期都得繳二千三百元註冊費，劉爸爸當時工作又不穩定，完全拿不出錢來繳學費，只好硬著頭皮帶著劉大潭去跟親戚借錢。

親戚一看到他們父子倆上門借貸，臉色就很難看，冷冷的說：「你去年跟我借的錢都還沒還呢，怎麼又來借了？既然這麼窮，幹嘛給這廢人讀書呢？」

劉大潭不想讓爸爸為難，心想，自己也已經十七歲了，應該可以想辦法打工籌措這筆學費。

但是，一般中學生可以打工的選項，像是在商店當收銀員、在加油站當工讀生、在餐廳端盤子……，可是這些他全都沒辦法做，他行動不便，身高還沒有桌子或加油站計費錶高，無法勝任那些工作。

而且，在劉大潭心中，那些也不是最理想的打工選項，他還是希望能在一個「可以實現自己夢想」的地方打工，仔細思考以後，他認為「鐵工廠」是最適合的地方。

幸運的是，劉大潭正好找上了一個急需有人幫他畫機械圖的鐵工廠老闆。劉大潭非常積極的推銷自己，老闆雖然有點懷疑，但抱著姑且一試的心態，拿了一百多張圖面給劉大潭，對他說：「如果你有辦法畫出符合國際標準的機械圖，我就幫你出學費。」

於是，劉大潭整個暑假每天早上八點上班，瘋狂製圖至晚上九點才離開，花了兩個月完成所有工作。鐵工廠老闆把這些機械圖傳真給日本客戶，對方非常滿意，大為稱讚，老闆為了感謝劉大潭，便很大方的發給他五千塊薪水。

收到這筆為數不少的薪水，劉大潭大喜過望，當時陽春麵一碗才兩塊錢，這筆收入不但能付清學校註冊費，還有剩餘的錢能當作生活費，真是太好了！

到了學期末，錢都用光了，劉大潭又去找那個老闆，希望寒假也可以讓他在那裡打工，可是老闆說寒假他人不在臺灣，必須等到暑假才能雇用劉大潭。一聽到這個壞消息，劉大潭心都涼了半截，他必須另外想辦法籌措註冊費了。

## 主動出擊賣春聯

因為快要過年，劉大潭這時靈機一動，心想：「我的毛筆字寫得很漂亮，小學時還得過全國美展書法冠軍，何不去賣春聯呢？」

他湊了錢去文具店買了紅紙，寫了一大疊春聯，到臺中市年貨大街擺攤，沒想到一整天下來，顧客只有小貓兩三隻，生意非常慘淡，而且還被管理員警告，說要繳交租金才能夠擺攤，但是他哪有閒錢能繳租金呢？看來在年貨大街賣春聯是「此路不通」了。

這時劉大潭又動了動腦筋，仔細一想，擺攤需要租金，又只能呆呆守在那裡被動等顧客上門，績效太差了，他應該主動出擊，去跟商家推銷兜售春聯才對。但是，要怎麼說服客人買他的春聯呢？

他想到一個主意：把商家的商號嵌入春聯的頭一個字，比方說，如果有家商店叫做「大潭」，他就把「大」和「潭」分別用做上聯與下聯的第一個字，例如：

大山乾旱勤耕作，

潭水浸潤忙收成。

如此一來，不但吉祥應景，又十分獨特。他就開始為不同商家設計「個人化春聯」，果然商家購買的意願大為提升。

一對春聯原本售價二十五元，但很多老闆看劉大潭這麼積極上進，春聯寫得又漂亮，都願意多給一點錢，有人付五十元，有人付一百元，最大方的是一家叫做「旋律唱片行」的商家，一口氣給了劉大潭三百元，這些收入加總起來，暫時解了劉大潭的燃眉之急。

春節前夕，劉大潭帶回下學期的學費與生活費回到家裡，心中百感交集，他坐到書桌前，拿出紙筆，用力寫下：「山窮水盡疑無路，柳暗花明又一村」這十四個字，慶祝自己又過了一關。

從他懂事以來，他就很清楚自己的人生充滿難關，但是，怕什麼呢？只要找對方法和工具，就算關關難過，他也會關關過！

劉大潭從小就養成獨立自主的性格，凡事習慣去探究並動手解決問題，這種態度奠定了日後成為發明家的基礎。

## 04

# 從「沒人要」到MVP

一如以往，劉大潭以非常優異的成績畢業於臺中高工，接下來只差一步，就可以達成他「完成大學學業」的目標了。

如果可以，他當然希望自己能直攻大學日間部，但因為家境不許可，他只好選擇先去工作，之後再考夜間部，達成自己取得大學文憑的心願。

雖然劉大潭過去求學時期都是「第一名」的學生，高工時期也拿過全國技藝競賽冠軍，暑假還在鐵工廠打工，照理說學歷和資歷上都繳出一張相當精采的成績單，但他的求職過程仍極為艱辛，剛開始，他根本「沒人要」，找了許多家公司或工廠求職，卻全都被拒絕了。

那些拒絕他的公司，根本不想深入了解劉大潭的專業能力，只是看他身體上有缺陷，就立刻打發他走。好一點的，是先去幫他「問問老闆」，但沒下文以後，也就客氣的「請」他「離開」；壞一點的，則是惡形惡狀直接趕他走，其中一家公司的警衛甚至還把他當乞丐，拿出掃把像趕流浪狗一樣驅趕他：「快走！快走！我們老闆最討厭看到乞丐了。」

在人們充滿否定、歧視眼光下長大的劉大潭，心理早已做好準備：求職這條路，一定是荊棘滿布，但是他並不氣餒，繼續再接再厲，努力嘗試各種機會。

## 筆試第一名還是被刷掉

除了找民間企業求職，他也去報考航發中心（當時是以研發經國號飛機而設立的機構），當年一共有兩千多人參加筆試，筆試後，劉大潭拿到「〇〇〇一」這個編號，而跟他一起參加考試的女朋友（後來也成為他的妻子），則拿到「〇二XX」的編號。別人告訴他，這個號碼是根據筆試成績的高低順序排定的，也就是說，劉大潭的筆試成績是第一名，而女朋友則是兩百多名。

劉大潭很高興，以為自己應該可以順利考取，誰知道到了面試這一關，主考官卻要他出示退伍令，劉大潭告訴主考官，自己的身體狀況是不用服兵役的，主考官聽了面有難色的說：「按照我們的規定，男性必須具備退伍令才可以。」

最後，劉大潭雖然在筆試項目拿到了第一名的佳績，卻仍在面試這關被刷掉，反倒是成績不如他的女朋友，順利被錄取了。

對於考試結果，劉大潭非常失望，有一點懷疑自己之所以不獲錄取，並不是因為沒有退伍令，而是因為自己是身障人士，但他也無從證實這種猜測。他告訴自己，一味的難過是沒有用的，胡思亂想只是徒添煩惱，還不如務實一點，趕緊去尋找其他的機會。

## 得來不易的機會

劉大潭前前後後一共被兩百多家公司拒絕，費盡千辛萬苦，最後總算找到一家願意給他機會的工廠——正五傑機械。

老闆一開始看到劉大潭不良於行的模樣，也有一點遲疑，但他還是讓劉大潭考筆試，發現他無論是數學、力學，全都滿分過關，加上他又亮出多張證照以及全國技能競賽冠軍證明，讓老闆不禁對這個年輕人有些好奇。

劉大潭對老闆拍胸脯保證，請給他三個月，若三個月後不滿意，他願意自動離職。老闆被劉大潭的自信與積極所感動，便答應給他三個月的試用期。

4xØ7 EQS
⊔Ø16
12.5
3.2
46
3.2
45°
R14
6.3
Ø26f9
Ø20
M10

結果，老闆不但要正式聘用他，還要直接幫他加薪，甚至要把他升職為設計組長！這對一個新進員工來說，是非常難得的禮遇。

## 一步一步兌現夢想

被升職為設計組長的劉大潭又驚又喜，對於老闆的賞識更是無比感激，加倍努力工作報答公司。因為他設計的產品深獲客戶肯定，幫公司賺進不少財富，短短三年時間，公司就從十幾個員工的小工廠，成長為上百人的公司，他本人也被升為設計課長。

在球類運動中，有個詞彙叫做MVP（Most Valued Player），意指「最有價值球員」，只有對球隊貢獻最多的明星球員能夠獲此殊榮。

劉大潭正是用他的專業與努力，從一個曾經被兩百多家企業拒絕的職場輸家，躍身變為公司的MVP。

二十六歲那年，老闆又把他升任為研發部經理，帶領設計部門研發產品，在民國七〇年代，作業員月薪不到一萬元，而年紀輕輕的劉大潭，月薪卻已經高達五萬多元，比當時公司總經理的月薪還要多，他在三十歲以前，就成功兌現了九歲時對自己許下的承諾：絕對不要靠別人的憐憫過活，而要找到一個可以養活自己的大飯碗！

與此同時，他也沒忘記另一個很重要的願望：大學文憑。在工作穩定以後，他立刻報考逢甲大學機械工程系夜間部，白天工作，晚上進修，透過在職進修不斷強化自己的設計研發實力。

三十一歲時，他順利畢業，拿到了大學學位，雖然比他小時候設定的「三十歲以前」還要超出一點點，但總算沒有辜負他對自我的期許。後來，劉大潭不僅順利取得大學文憑，甚至還獲得榮譽博士的學位，現在，許多人都稱他為「劉教授」呢！

在這段圓夢的過程中，充滿太多艱難險阻，換做是意志軟弱一點的人，早已無法堅持，但是劉大潭始終沒有放棄，一步一步達到自己的目標。

## 我要成為設計發明家

雖然當到研發部經理已經很神氣，每個月還享有穩定的高薪，但是受限於公司營業項目，只能幫客戶設計他們想要的商品，很難自由自在的盡情發揮劉大潭的充沛創意。

劉大潭一直是一個「敢想、敢要、敢得到」的人，他的心很大，並不只是想當一個「研發部經理」而已，而是想要成為一個「設計發明家」。幾經思考，他決定離開公司，自行創業。

因為老闆曾在劉大潭求職時給他機會，所以他決定一定要幫公司找到繼任者，才能安心離職。

於是他提早半年就告訴老闆他的計畫，並且跟老闆一起尋找繼任人才。為了方便傳承學習，他為每一項產品編寫了鉅細靡遺的手冊，還留下八大本他戲稱為「天龍八部」的工作檔案，讓新來的主管或團隊可以很快進入狀況。

劉大潭離職前，老闆依依不捨的包了一個大紅包給他，感謝他多年來的貢獻，還問他是不是可以當公司的顧問，劉大潭感念老闆的恩情，一口答應了，一直到今天，他每年還是會回去幫大家上課。

記得當年向老闆提離職時，老闆問劉大潭：「你之後想要做什麼呢？」其實，當時劉大潭還沒決定之後到底要做什麼，但他有滿腦子的創意，他相信自己一定可以闖出什麼名堂的。他眼神堅定的看著老闆回答：「我還不確定，我只知道，我一定會成功的！」

劉大潭後來不僅順利取得大學文憑，更因為他的發明為社會帶來莫大的貢獻，靜宜大學特別授與他榮譽博士的學位。

# 05

## 那些年，他努力追來的幸福

劉大潭九歲時畫下的三個目標中，最難達成的不是「學士帽」，也不是「大飯碗」，而是那個「小嬰兒」。

「學士帽」或「大飯碗」只跟他個人有關，只要自己努力，沒有達不到的目標。可是，「小嬰兒」這個願望則不同了，結婚生子牽涉到另一個女孩的人生，事情就變得複雜許多，全天下有哪個父母，會願意把女兒嫁給一個身障者呢？

難道，真的被那個嘴巴壞的阿伯不幸言中，他這輩子休想結婚生子了嗎？

不，劉大潭堅信「天下無難事，只怕有心人」。他認為自己雖然身障，但是個性認真又負責，也願意作個好丈夫與好爸爸，絕對值得享有愛情與天倫之樂！雖然這條路困難重重，但沒關係，他會用十倍、二十倍，甚至一百倍的努力，為自己贏得幸福。

在臺中高工就讀期間，有一次，劉大潭參加書法比賽，認識了一個可愛清秀的學妹張秀惠，因為劉大潭行動不便，學妹便幫他交卷，兩人因此成為朋友。

劉大潭的樂觀進取，讓秀惠在心中留下深刻的印象，因此兩人畢業後，仍繼續保持聯絡，慢慢的，他們從相知相惜的朋友，漸漸成為一對相愛的戀人。

## **就算不被祝福，仍然不放棄**

跟秀惠這樣一個好手好腳的健全女孩交往，劉大潭早有心理準備，這段戀情絕對會走得很辛苦。而事情果然也不出他所料，他們交往初期，秀惠的父母與親朋好友，全都不看好他們的戀情，尤其是秀惠的父母更是激烈反對，他們完全無法接受女兒的男朋友是一個「用手走路」的男人。

將心比心，劉大潭完全可以理解秀惠父母的擔憂，有哪個做爸媽的不希望孩子可以找到完美的歸宿？就算找不到「高富帥」的女婿，也不能把女兒嫁給「矮窮殘」啊！

但劉大潭並不灰心，習慣凡事都設定目標、找出方法來解決問題的他，就連追女朋友也不例外。他心想，普通人追女朋友，通常花一年半載就可以娶得美人歸，但是他因為身障的緣故，成功的難度非常高，因此努力準備的時間必須拉長，他為自己設定為六年。

為了證明自己不會讓秀惠「吃苦」，劉大潭在工作上積極求表現，爭取更好的收入，希望讓秀惠的爸媽了解，自己是一個有出色工作能力的男孩子，絕對不會一輩子窮途潦倒拖累秀惠。

除了自己努力，他還拜託了好幾個朋友「滲透」到張家，跟秀惠的爸爸搏感情，使出「從地方包圍中央」的策略，希望能在張爸爸面前，幫自己美言幾句，以增加自己的求婚勝算。

## 有情人終成眷屬

雖然劉大潭使出渾身解數，但秀惠的爸媽還是極力想拆散他們，在他們交往的頭一、兩年，其間分分合合了許多次，但是劉大潭始終沒有放棄，這段戀情才慢慢穩定下來。

交往了第四年以後，他們決定要攜手共度一生，但秀惠的爸爸知道以後，非常生氣，不但斷然拒絕劉大潭的求親，還威脅秀惠如果要繼續跟劉大潭在一起，他就要斷絕父女關係，同時還積極幫秀惠安排相親，希望女兒早點死了這條心。

為了倆人的將來，劉大潭鼓足了勇氣，打電話約秀惠的爸爸懇談。秀惠的爸爸雖然不想把女兒嫁給這個臭小子，但是心裡也有點佩服他愈挫愈勇的膽識，便答應給他半小時，當面聽聽他的說法。

當時，劉大潭已經是設計課長，工作穩定，收入也不錯，他帶著寫著月薪的薪資袋赴約，誠懇的對秀惠父親說：「伯父，我真的很愛您的女兒，您的女兒也很愛我，真的很希望您能讓秀惠嫁給我。我是責任感很強的人，一定不會讓秀惠吃苦的。」

秀惠的爸爸沉默片刻，從抽屜裡拿出一張剪報，遞給劉大潭。剪報上登的是一則生命鬥士鄭豐喜過世的新聞，鄭豐喜也是一個上進的身障者，曾獲得十大傑出青年的肯定，但是他年僅三十一歲就因肝癌過世了。

「很多人都說身障的人比較短命，我很怕你也會早死，讓我女兒早早失去丈夫。」秀惠的爸爸說。

「伯父，我很難跟你證明我可以活到幾歲，但是我除了腳不方便，身體其實都很正常健康，並沒有其他缺陷。」劉大潭恭敬的回答。

秀惠爸爸其實頗為欣賞這個積極誠懇的青年，如果劉大潭是個健全人，他早就爽快答應這樁婚事，但很可惜，劉大潭偏偏就是個身障者。

鄭
喜因肝癌逝世，享年31歲。

事關女兒一生的幸福，秀惠的爸爸還是不願冒險，堅持要他們分手，爸爸緊皺著眉頭說：「你連站起來牽我女兒的手都做不到，我怎麼能放心呢？」

劉大潭心中非常難過，但還是不放過最後一線希望，請求秀惠的爸爸把秀惠叫來，再讓他們見一次面。

在房間靜靜聽著倆人對話許久的秀惠來到客廳以後，含淚對父親說：「阿爸，大潭的腳雖然不好，但是人品是好的，而且工作又認真，是個很上進的男人，真的很希望你能成全我們。」

秀惠的爸爸看他們難分難捨的模樣，深深嘆了一口氣，他實在不忍心硬要拆散這對情侶，掙扎了半天，最後終於勉強答應了，但是他開出一個條件，就是要劉大潭以秀惠的名字存一筆錢在銀行，當作是對女兒一生的保障。

劉大潭欣喜若狂，簡直不敢相信這是真的！為了避免夜長夢多，他打鐵趁熱，短短三週內就打點好所有婚禮細節，喜氣洋洋把秀惠娶回家，有情人終成眷屬，還有什麼比這更讓人高興的呢？

## 還有好多好多夢想

在劉大潭結婚以前，劉大潭的媽媽經常只要一聊到兒子的雙腿，就忍不住流淚。雖然劉大潭從小就很獨立上進，但她內心深處，仍然很擔憂沒有女孩願意嫁給他，想到兒子這輩子恐怕會孤獨終老，就忍不住再一次傷心自責。直到劉大潭和秀惠步入禮堂完成終身大事，劉媽媽才終於放下心中大石，往後談到這個話題時，才不再頻頻拭淚。

就連自己的媽媽都不敢想像這個身障的兒子能夠結婚生子，更何況是其他人？但就算全世界都不看好他，劉大潭仍然深信自己有資格擁有幸福。最後，不但娶回了心愛的人，婚後還生了三個可愛健康的女兒。

劉大潭九歲時許下的那三個願望：「學士帽」、「大飯碗」以及「小嬰兒」，對他這樣出身貧寒的身障者來說，沒有一個目標是容易的，但他還是排除萬難，全部都完成了。

你以為這樣劉大潭就心滿意足了嗎？不，故事還沒結束，這只是他人生其中一個里程碑，他還有好多精采的夢想，等待著他去實現呢！

劉大潭全家福。一生相伴的賢慧妻子，以及三個美麗又貼心的女兒，是劉大潭全心投入發明工作的幕後原動力。

劉大潭的發明有一個最大的特色，

那就是從發揮同理心、關懷他人需求而出發，

務實的為社會提出改變現況的解方。

他的三大重要發明，

以及還放在抽屜中那一張張的設計圖，

都是基於對社會與人群的關懷而設計構想出來的。

# PART 2

# 改變世界，我也做得到

# 06

## 蜘蛛帶來的靈感

劉大潭的辦公室裡，掛了兩個大字「關懷」。

這兩個字，就是他經營公司的核心理念，他希望自己的發明不只是賺錢工具而已，還能夠發揮關懷他人的心意，對社會有所貢獻。

創業初期，劉大潭其實並不確定自己到底想做什麼，但他技術底子好，不愁沒有客戶。直到有一天，他在家打開電視機，看到新聞正報導一則學生租屋處發生嚴重火災的新聞，這才確定了自己想要發明的方向。

那場無情的大火奪去了數名成功大學學生的生命，劉大潭在電視新聞上看到那些痛失愛子的母親們失聲痛哭，他的心也跟著揪了起來。

那個晚上，劉大潭躺在床上難過得睡不著覺，他心想，如果那棟建築物裡有逃生設施，也許就不會發生這種悲劇了……

輾轉反側了一夜，他決定要善用自己的發明天分，設計一種安全逃生設施，防止這種遺憾再次發生。

當時，已經有一個做精密機械的瑞士廠商找他洽談，想要請他設計開發一個加工鐘錶的機器，如果他接了這個大案子，就可以確保溫飽無虞；但是劉大潭覺得，「生命安全」是一種迫切的需求，他應該優先為他的家鄉臺灣著想，於是，他毅然把所有時間、資源都投入在這項安全逃生的新發明上。

**苦思不得其解**

但是，空有理想無濟於事，實際上該怎麼做，才能夠達到火災逃生的目的呢？

劉大潭在腦中思索著，當火災發生時，如果是住在一樓，只要出口沒有堵塞，順利逃生的機率還蠻大的，但如果是住在高一點的樓層，就得考慮要怎麼樣才能迅速且安全的從火場脫身。絕對不可能搭電梯，萬一建築內部已經火勢很大，走樓梯也很危險，更不用說是貿然跳樓，絕對是非死即傷。

那麼，到底該用什麼方法才能安全的離開高處與火場呢？

劉大潭突然想到，那些跳傘員從高空降落不是都毫髮無傷嗎？如果利用降落傘，應該就可以解決問題了，但他轉念一想，不對，萬一家住二樓，一跳下來，傘還沒開就落地摔死或摔傷了，跟直接跳樓有什麼兩樣？

如果做一個溜滑梯呢？這樣只要從高處溜下來就可以逃生了，不是嗎？但仔細想想，還是行不通，如果是住在二樓、三樓，或許還可以弄個溜滑梯，但如果家住十幾樓，加上還要考慮能安全滑下來的斜度，那得做多長的溜滑梯才夠用啊？根本不可行！

那麼，如果改用竿子往下溜呢？也不行，一旦樓層太高，用竿子就不理想了。

劉大潭挖空心思想了好多種方法，但每一個方法都有瑕疵，最後都被他自己給推翻了。

他忍不住嘆氣，難道就沒有一個不佔空間，又能夠適用於各種樓層的方案嗎？

**電光石火一瞬間**

就在劉大潭左思右想仍不得其解的撞牆期，有一天，他突然接到高中同學打電話來，邀請他去自家開的葡萄園觀光。

劉大潭心想，既然眼前想不出完美的解決方案，暫時休息去散散心也好，說不定會有什麼靈感。

而這一趟葡萄園之旅還真值得，讓劉大潭成功突破了設計瓶頸。說來也真是奇妙，提供劉大潭靈感的「繆思」，竟然是一隻蜘蛛。

劉大潭來到葡萄園以後，他的高中同學本來好心的說：「你的腿不方便，不然你先坐在那邊的大石頭上，我採給你吃好了！」

但劉大潭從小個性就很獨立，凡事都不想假手他人，而且人都來到葡萄園了，乾坐在那裡等著吃多無聊啊！因此他堅持要自己動手採。

在採葡萄的過程中，他的手不小心揮到一隻蜘蛛，蜘蛛受到驚嚇，便慌慌張張從葉片上吐絲垂降而下。

劉大潭全神貫注的盯著這隻蜘蛛，牠不是像個自由落體一樣「咚」的暴落下去，而是「嘶」的順著絲從容垂降下去的。

那一剎那，一個絕妙點子彷彿如電光石火在劉大潭心中閃瞬而過！

那就是：緩、降、機！

當火災發生時，如果可以設計出一種像蜘蛛絲一樣的設施，就可以讓被困在高樓的人們安全降落到地面，而且，不用的時候可以捲起來，不佔空間又適用於各種樓層，比起其他種類的硬體，這種索狀緩降機的建置成本也比較合理，真是太理想的逃生設施了！

## 摔車摔出「離心力」靈感

劉大潭回家以後，立刻興沖沖去五金行購買繩索、滑輪，著手畫圖進行設計。

不過，規劃到一半，又發現新的問題：光用滑輪，還是只能靠地心引力下墜，速度可能還是太快了，對於年事已高的老人家來說，恐怕還沒安全落地，就已經心臟病發嚇死了吧？而且，每個人的體重都不同，總不能體重愈重的人溜得愈快，到底該怎麼設計緩降機，才能夠做到不管是誰使用，都能夠等速下降呢？

他用各種材料做了許多實驗，整整試了兩週，但效果還是不太理想。為了解決這個問題，劉大潭簡直是廢寢忘食，就連吃飯、騎車時也還是不斷在思考著。

有一天，劉大潭騎著車在路上走時，路邊突然衝出一隻狗，他因為想得太入神，反應不及就摔車了，整個人被甩了出去，摔得很狼狽。

雖然摔得傷痕累累，但這一摔，倒是摔出他的靈感來了！

他想到，可以利用離心力，加上適合的摩擦力，以及人自己體重的重力，來達到等速的目的啊！

於是他買了汽車的煞車片，又做了一個輪盤，上面有十二道凹槽，當繞著鋼索的軸心高速旋轉時，利用離心力的原理，讓離心塊隨著高速旋轉的輪轂向外撐，再產生摩擦限制加速，把下降速度控制在每分鐘下降十公尺，如此一來，就可以讓不同體重的人，都能夠平穩的等速下降到地面。

## 緩降機的誕生

成功突破所有瓶頸做出成品以後，接下來，就是要實驗看看管不管用。劉大潭帶著緩降機到公寓四樓，想要自己跳下去試試效果。

劉媽媽看兒子竟然想跳樓，大驚失色，慌張的嚷著衝過來阻止：「你幹嘛？你想自殺啊！」

「我怎麼會想自殺？我是要嘗試我的新發明啊！」

「不行不行，要試驗，用米包捆著試不就好了，幹嘛一定要自己玩命？」

「拜託，米包又不會害怕，人才會有感覺，我想要知道這樣的速度會不會太快啊！不用擔心啦，我做的東西絕對安全！妳只要在旁邊幫我按馬錶計算時間就好了。」劉大潭自信滿滿的說。

劉媽媽雖然還是不大放心，但拗不過兒子，只好忐忑的讓他去試。

劉大潭把自己固定在緩降機的繩索上，從頂樓縱身一跳，「刷啦～」一聲的平安緩降到地面上，果然沒出任何意外，他難掩興奮的連忙問媽媽：「時間是多少？」

「一分十二秒。」

一分十二秒，跟自己設定的時間分毫不差！太棒了！

## 小妹妹與小胖哥，都能等速下降

因為身障，劉大潭的體重比成年男子輕很多，一直維持在三十六公斤，他想知道，體重比他輕或比他重的人，是不是也能同樣用一分十二秒等速下降。

當時，劉大潭已經有一個兩歲的女兒，體重比他輕很多，他突發奇想，何不用女兒來試驗看看呢？於是他笑嘻嘻的跟女兒說：「妹妹，爸爸跟你玩一個很好玩的遊戲，好不好？」

小女孩喜孜孜的跟著爸爸到了陽臺，有點害怕的完成了這個實驗，嘿嘿，落地時間也是一分十二秒！

看來，兒童或瘦子應該都沒問題，那麼，如果是壯碩一點的人，也能等速下降嗎？

劉大潭想找一個體重重一點的人來試試看，正好鄰居小胖哥從旁邊經過，劉大潭趕緊把他叫住：「小胖哥，你大概幾公斤啊？」小胖哥回答：「我一百零五公斤。」

哇，這真是太好了！劉大潭連忙問他：「我想提供你一個打工的機會，只花一分鐘十二秒就可以賺三千塊，你想不想賺？」

小胖哥連聲答應：「當然好、當然好！趕快帶我去！」

但到了四樓以後，小胖哥往下一看這麼高，嚇得臉色發白，害怕的問：「欸，你這東西真的有用嗎？」

「真的有用啦，不信我示範給你看！」劉大潭面不改色親身跳了一次，小胖哥看他平安緩降到地面，這才答應配合。

結果不出所料，一百零五公斤的小胖哥一躍而下，落地時間也是一分十二秒！

這個實驗結果讓劉大潭太高興了，要不是他腿不方便，他一定會樂得手舞足蹈起來的！

## 勇奪發明獎第一名

這個能夠幫助在高樓遇到危難的人們逃生的緩降機，後來被命名為「免電源高樓緩降機」，是劉大潭出來自立門戶以後的第一件代表作，因為這項發明的靈感來自於葡萄園的蜘蛛，劉大潭還用蜘蛛的英文spider諧音，把自己的公司命名為「速跑得」機械。

劉大潭對自己的緩降機很有信心，一開始就投入大筆資金，一次生產了五百臺，但是問題來了，要怎麼樣才能讓大家知道有這項好產品，而且願意購買呢？

因為要開模生產以及申請專利，劉大潭幾乎用光了所有的積蓄，銀行戶頭裡也只剩下三千元，根本不夠買媒體廣告進行宣傳。因此如果想要打響產品知名度，他必須想出一個不用花大錢，就能達到宣傳效果的點子才行。

他打聽到，每年九月都有全國發明比賽，他心想，這正是免費打知名度的好機會，因此趕緊去報名參加比賽，很幸運的，趕上了報名截止日最後一天。

既然參加了比賽，劉大潭就不想鎩羽而歸，他想起偶然在電視上看到某牌咖啡的廣告，是以巴黎鐵塔為背景，於是他靈機一動，決定買角鋼來打造一座三層樓高的巴黎鐵塔，帶到臺北世貿中心前，用來展示「免電源高樓緩降機」的效能。

他再度委託小胖哥跟他一起北上表演，還把兩歲的女兒也一起帶去了，他要在所有觀眾面前證明，不管什麼體重的人，使用他的「免電源高樓緩降機」，都可以等速安全下降到地面。

這個展示非常成功，八位評審對於劉大潭的發明極為驚艷，一致都給予最高分！最後，劉大潭勇奪全國發明獎第一名，獲得十五萬獎金和一面純金金牌。而且，之後許多大樓都下了訂單，光是中友百貨一家，就訂購了一百五十臺。

對劉大潭來說，「免電源高樓緩降機」的成功意義非凡。不僅為他帶來財富與名聲，更重要的是，這項產品實踐了他「關懷社會」的初衷，萬一發生火災時，利用這項發明，可以挽救許多寶貴的生命，讓他們的家庭免於遭受與親人死別的傷痛。

這個成功經驗大大鼓舞了劉大潭，未來，他要繼續做一個以「關懷」為出發點的設計發明家，他與他的速跑得機械，還會創造出更多出色的發明，幫助人們解決問題，讓這個世界變得更美好。

設計思考報報

# DESIGN POST

臺灣・南投
Taiwan, Nantou

劉大潭

## 當發明王超酷！

談起「發明」的好處，劉大潭說除了可以發揮自己關懷社會的天性、想要為別人解決問題的熱情，還可以「得冠軍、拿金牌」，甚至還可以幫自己贏得豐碩的獎金呢！

多年來，劉大潭曾經榮獲「德國國際發明金牌」、「瑞士日內瓦國際發明金牌」、「全國發明展第一名」、「國科會十大傑出科技人才獎」、「經濟部中小企業創新研究獎」等殊榮。目前累積獎牌的重量，已經超過一公斤；累積獎金則超過了兩百萬元。

有人好奇的問劉大潭：「您會不會擔心自己的創意被抄襲呢？」他充滿自信的回答道：「我不擔心，別人在等著複製，我則繼續創新！」

攝影／曾千倚

# 07

## 周遊列國的無敵風火輪

很多人或許都有聽過這句臺語順口溜：「真鰲！真鰲！出國比賽，得冠軍，拿金牌，光榮倒轉來！」

這句順口溜，還真是劉大潭青壯年時期的寫照。

劉大潭的「免電源高樓緩降機」，從四百多件作品中脫穎而出，獲得全國發明獎第一名，除了贏得獎金與獎牌以外，還有一個極大的額外好處，那就是可以代表臺灣到瑞士日內瓦參加國際發明競賽。

從小家貧，加上自己又身障，劉大潭作夢也沒想到，竟然有機會可以出國看世界，他簡直高興得快瘋了！

他在心中興奮的盤算著，去到日內瓦，除了參賽以外，他還要去買一柄鼎鼎大名的瑞士刀給自己。為什麼呢？因為他一直把當時火紅的影集《百戰天龍》的男主角馬蓋先當作偶像，馬蓋先是個聰明絕頂、知識豐富的冒險家，他從來不帶武器，身邊有的唯一工具，就是一柄瑞士刀，每次遇到危險，他總是冷靜的用那柄瑞士刀改造周邊平凡的東西，讓他可以擊倒敵人、化險為夷。

對於一心想成為設計發明家的劉大潭來說，那柄萬能的瑞士刀，就好像是知識力量的象徵，好不容易能去瑞士，當然要買一柄當作紀念。

不過，正當他做著出國的各種美夢時，劉媽媽卻冷不防潑了他一盆冷水：「我不准你去！」

「為什麼？」劉大潭非常吃驚，這可是天上掉下來的大好機會啊！

「人家趕飛機常常都要用跑的，你用爬的，爬得過人家嗎？而且到了會場也還要走，你腳不方便怎麼辦？不准去！」

「不行，我準備了這麼久，我非去不可！」劉大潭絲毫不讓步。

媽媽看他這麼堅持，便給他出了道難題：「你如果能夠跑得比我快，那你就去吧！如果不行，你還是乖乖待在臺灣比較安全！」

## 兩天構思製造，兩百元成本

劉大潭不服氣的想：「我不能認輸，我可是發明家呢，我要拿出馬蓋先的精神，化解這個困難！」

既然媽媽的條件是「跑得比她快」，那就以這個為目標，設計出一種獨特的代步工具，無論如何，自己一定要成功出國闖一闖。

他先把這輛代步工具的功能條列出來：

第一，這臺代步車必須要有足夠的速度，這樣才能夠跟健全人一樣，不費力的通關、進出機場以及其他地方。

第二，飛機的走道只有四十公分，這臺代步車的體積必須夠小，才

能夠像隨身行李一樣登機。

第三，因為空橋有斜度，很多地方可能也有斜坡，它必須能夠變速，而且有靈敏的煞車，這樣上坡時可以省力，下坡也不至於失控。

想清楚所有條件以後，劉大潭就立刻開始著手畫圖。現在3D電腦繪圖已經十分普及，但早在二十幾年前，用功的劉大潭就已經對3D電腦繪圖非常嫻熟，因為時間緊迫，他連夜構思出一輛可折疊，而且有變速功能的手搖三輪車。

隔天一起床，劉大潭就前往資源回收場蒐集材料。他花了兩百元，

買了幾臺廢棄的壞腳踏車，加上一張壞掉的辦公室旋轉椅，把零組件全都拆開來，重新組裝成他心目中的夢幻代步車。

這輛車以手搖代替腳踩，椅墊是辦公室旋轉椅改造的，遠比一般腳踏車舒適，而且很方便拆卸，車身又可以折疊，只要花五秒鐘就可以把它縮小成可以登機的尺寸。更神奇的是，這輛手搖三輪車，竟然有六十三段的變速。

很難相信，劉大潭只花兩天時間、兩百元成本，就構思製造出這臺獨一無二的代步工具。有了它，不管是斜坡或是平地，劉大潭都可以通行無阻了，這簡直就是他的無敵風火輪啊！

## 走過三十個國家的老戰友

完成這輛車以後，當天黃昏時，劉大潭神祕兮兮的把媽媽約出來，媽媽還一頭霧水的問：「你到底要做什麼？」

「我要跟妳比賽！」劉大潭充滿自信的說，然後突然大聲的喊口令：「一、二、三，開始！」話才說完，他便奮力駕著他的手搖車衝了出去，媽媽還在原地發愣，劉大潭就已經在另一頭拍著手大笑說：「妳不是說我如果可以贏妳，就可以出國了嗎？」

沒想到，劉媽媽微笑的看著他，開心的回應：「你跟別人不一樣，你如果要出國，就需要一臺特別的代步工具，我早就知道你一定做得到，我只是用激將法，逼你發揮潛力而已。」

這時劉大潭才恍然大悟，原來，媽媽才是最聰明的人啊！

後來，這臺全世界唯一的無敵風火輪，不只陪伴劉大潭去瑞士日內瓦發明展，每一次劉大潭獲得國際肯定，也都會駕著它到處周遊列國。記得有一次去紐倫堡，有個德國人看了非常驚艷，還表示願意出五百馬克（當時還沒有歐盟，每個歐洲國家仍是使用各自的貨幣，以當時匯率，五百馬克相當於一萬塊臺幣）跟劉大潭購買。

三十年來，這輛車已經跟劉大潭一起去過三十幾個國家，雖然車體外觀已經留下許多歲月的痕跡，但功能還是很靈光。以劉大潭的能力，他大可以再設計另一臺酷炫一點的代步車，但這輛車對他而言，有很獨特的意義，他們之間，有一點像是將軍與座騎的關係，它就像一個老戰友一樣，跟著劉大潭到世界各國南征北討。

如今，劉大潭現在已經六十一歲，還是不捨得讓他的老戰友「退休」。畢竟，這可是陪伴劉大潭「出國比賽，得冠軍，拿金牌」的千里良駒啊！

# 08 因為關懷，所以創造

什麼？坐在家裡看電視，竟然也能看出發明門道嗎？

是的，劉大潭許多重要的發明，靈感都來自於「看電視」。

每天晚餐時分，劉大潭就會端著飯碗到電視前，一邊吃飯，一邊看新聞。他看新聞可不是為了打發時間，而是基於一種對社會的「觀察」與「關懷」，看看現在人們需要什麼？有哪些問題等待解決？自己的發明能力，是不是幫得上什麼忙？

除了「免電源高樓緩降機」以外，劉大潭還有兩項生涯代表作——

「耐高溫橢圓蝶閥」以及全自動過濾專用「微電腦六通閥」，全都是從新聞中反思人們需求，再尋找解決方案，最後設計出來的優秀發明。

我們就先來談談「耐高溫橢圓蝶閥」誕生的來龍去脈吧！

大約十年前，劉大潭看到高雄火葬場遭到附近居民集結抗議的新聞，因為屍體燃燒以後，空氣中會瀰漫惡臭，嚴重影響周遭鄰居的居住品質。

這個事件引起劉大潭的注意，他心想，如果能夠研發出一種燃燒後不會產生臭氣的裝置，不就皆大歡喜了嗎？

在著手設計前，劉大潭特地開車南下，前往那間被抗議的火葬場，希望能看看他們的處理過程與裝置設計，想深入了解之所以產生臭氣的真正原因。

但劉大潭從大老遠來到了現場，守衛卻把他當成抗議居民，擔心他會帶來麻煩，悍然把他擋在門外，無論他好說歹說，就是不願意讓他進去看，耗了一、兩個小時，還是不得其門而入，劉大潭只好失望的回家。

晚餐時，當時還在念國小二年級的小女兒看到爸爸愁眉苦臉，童言童語的提出建議：「爸爸，人家既然不給你看，你自己去找屍體來燒看看不就好了嗎？」

「對欸，妳說得有道理，這真是個好主意！」小女兒有點異想天開的建議，激發了劉大潭作為發明家的實驗精神，他決定自己來實地研究看看。

## 腐雞做臭氣實驗

首先，要找到用來進行燃燒實驗的屍體。當然，絕對不可能找具人類的屍體來燒，要燒只能燒動物。而動物屍體中，雞很容易取得，大小也比較方便用來做實驗。

於是劉大潭去菜市場買了兩隻雞，在鐵桶裡放了十天，放到都開始長蛆腐爛以後，再澆上汽油點火燃燒，在燃燒過程中，果然冒出陣陣令人聞之作嘔的黑色濃煙，這個濃煙就是惡臭的來源。

劉大潭想了一想，跑去拿了一個不銹鋼管，設法把濃煙聚在管道裡封住，再把不銹鋼管拿去瓦斯爐上加熱，結果，神奇的事情發生了！這些充滿黑色懸浮粒子的臭味黑煙被重複燃燒以後，惡臭竟然就消失了，可見得，只要有辦法讓屍體燃燒後產生的黑煙再一次充分燃燒，徹底除去那些懸浮粒子以後，就可以解決臭氣問題。

他的構想是：做一個像是隧道般的管狀密閉爐，把燃燒後的氣體抽進來，在超高溫的爐中再徹底燃燒一次，等到把會發出臭味的微粒都燒乾淨了，再把乾淨無臭的空氣排出來。

為了這項發明，他特別訂購了一個可以耐一千度高溫的裝置，但是，問題來了，要怎麼樣設計用來負責控制氣體排放的閥門開關，才能做到耐高溫又完全密閉的效果呢？

一般的閥門都是用橡膠之類的材質做的，用以達到密閉效果，但是橡膠根本無法承受數百度甚至上千度的高溫；而金屬材質雖然可以耐高溫，密閉效果卻沒這麼好。

## 從切香腸中頓悟發明原理

為了突破瓶頸，接下來的兩個月，劉大潭每天瘋狂做各種實驗，經常連飯都忘記吃。有一天，他又因為做實驗太過專注，以至於忘了吃午餐，直到下午，實在餓得受不了，才回家想找些東西墊墊肚子。

這時體貼的太太連忙從冰箱裡拿了一些香腸，煎得香噴噴的，要給劉大潭充飢。煎好以後，她要劉大潭幫忙拿菜刀將香腸切片，她好利用這段時間再煎個蛋幫他加菜。

劉大潭不常做菜，拿起菜刀，便笨拙的對著香腸垂直切下去，切出來的香腸都是圓片狀，他太太在旁邊看了，連聲說：「不對、不對，不是這樣切啦，你要斜斜切才對！」

劉大潭聽了太太指導，調整運刀手勢，這才切出漂亮的橢圓香腸

片。他看著砧板上之前切的圓形香腸片，以及後來切的橢圓形香腸片，這兩種香腸片，其實都是從同一直徑的香腸切下來，但形狀卻差很多。

這時候，劉大潭心中突然靈光一現，這個道理，似乎可以用在他的閥門上！

如果用金屬來做閥門的蝶片，就可以耐高溫，形狀則改做成橢圓形，它在隧道形的圓管中，就能與接觸面完全密合。

成功開發出產品以後，劉大潭的第一件任務，就是去拜訪那間上過新聞的高雄火葬場，幫他們解決

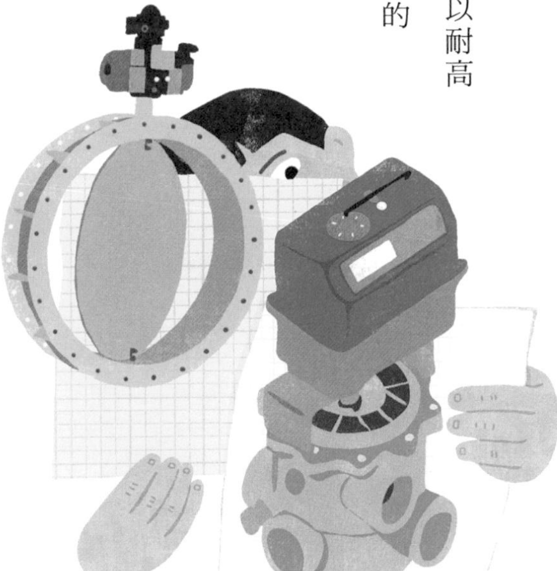

棘手的臭味問題。在那之後，又有幾家經營垃圾焚化爐的廠商，甚至煉油廠、電子廠等業者，也跟劉大潭採購這項新產品。

早期，許多工廠不知道如何解決廢氣問題，因此都只會把煙囪做得高高的，把廢氣排放到天空，避免被附近居民詬病，但這終究不是治本之道，尤其這些廢氣被風一吹，還是會讓居民聞到臭氣，叫苦連天。但有了劉大潭發明的這項新產品以後，就能大幅降低對環境與居民的傷害。

而這項發明，不只能應用在氣體的處理上，也能用來處理像是麵粉、塑膠粒子等之類的顆粒流體。以前廠商們使用的閥片是用橡膠來密合的，那些小顆粒常會卡在橡膠上面，造成磨損，但是劉大潭的蝶閥材料是不會沾黏顆粒的金屬，可以提高設備的耐用度，所以就連麵粉廠、塑膠廠也相當喜愛這項好發明。

自己發明出來的產品受到歡迎，劉大潭當然很高興，不過最有成就感的是：他的發明真的可以幫助人們解決問題，而且，還能為地球盡一份心力呢！

## 憂心地層下陷，設計自動過濾設備

劉大潭對於自己所生長這塊土地的關懷，除了「空氣」以外，還有「水」。

大約十年前，高鐵正在如火如荼建置中，劉大潭在電視新聞上看到一則關於高鐵沿線地層調查的新聞，提到中南部有幾個縣市因為超抽地下水，地層下陷得相當厲害，僅僅隔一年而已，就又下陷了兩、三公分。

劉大潭覺得這是一個必須嚴肅正視的問題，便去做了一個簡單的調查，了解一下為什麼地下水會被超抽得這麼嚴重。結果他發現除了灌溉以外，像是洗車場、游泳池、養殖場等行業，也經常抽取地下水，為了要保持水質乾淨，經常一、兩週就要換一次水，甚至是不停歇的邊排邊抽，長年累積下來，地層不下陷才怪。

劉大潭心想，最好是一年只要換個一、兩次水，就不用抽這麼多地下水了。

但是，要怎麼樣才能少換水，又能維持水質清潔呢？

他想到的點子是——過濾！

如果弄髒的水可以被處理成乾淨的水，然後重複利用，就不用如此頻繁的抽取珍貴的地下水了，當然也就不會造成地層下陷。

劉大潭的發想緣起是這樣的，地下水其實也算是一種過濾過的水，大部分的地下水都來自降雨，雨水降落到地面以後，一部分蒸發，一部分流入大海，還有一部分，則沿著土壤或岩石空隙層層滲透到地表下，若是能夠設計出一種過濾設備，就可以把用過的水「還原」成乾淨的水。

他設計的過濾設備是——擁有六個切換口的「微電腦六通閥」，這個設備共有六種功能，分別是正洗、逆洗、過濾、排放、停機以及軟水功能。至於濾材，則仿照大自然，採用砂石之類的材質用來過濾。

他的理想是，只要安裝這套設備，就可以全自動執行水質潔淨功能，完全不必請專人控制。用水在一整天的過濾以後，每天會執行逆洗兩分鐘，把那些髒東西沖到另一個孔去，這些水可以用來澆花，一點也不浪費。如此一來，水的耗損會大幅減少，除了自然蒸發的部分，以及用來逆洗的少量水以外，大部分都可重複循環使用，一年只要換一次水就可以了。

## 從頭學微電腦控制

就像之前的許多發明一樣，微電腦六通閥的研發過程中，劉大潭也遭遇了不少困難。

對劉大潭來說，設計一項發明並非難事，但是要做到微電腦自動控制，可就讓他頭大了。

他在念大學時，甚至都還沒有電腦呢，他之所以懂得電腦繪圖等技巧，都是後來努力自學的。而要做自動控制，那又是另一個全新領域的專業了。

但是劉大潭並不氣餒，他對於學習新知永遠抱持高度熱情，不熟悉微電腦控制有什麼關係？從頭學起就是了！

他去書店扛了一堆與微電腦控制相關的專業書籍回家，每天認真的研讀，整整摸索了兩個月，搞懂原理以後，就自己買電路板和電子元件回來組裝。但不知道為什麼，組出來的板子很容易當機，他認真翻了許多書，但還是找不到解決方案。

他覺得自己這樣一直像隻無頭蒼蠅般嘗試也不是辦法，應該回母校去請教專家才對。雖然他已經大學畢業很久，但因為他是逢甲大學傑出的畢業校友，很多教授都認識他，因此很快就找到厲害的電子電機高手指點迷津。一問之下才知道，原來當機問題是元件之間互相干擾導致，只要更換成合適的元件就沒問題了。

歷經幾番波折，劉大潭終於成功開發出他心目中的夢幻產品：全自動過濾專用「微電腦六通閥」，這項發明與「免電源高樓緩降機」、「耐高溫橢圓蝶閥」，都是他最自豪的代表作。

而這些發明的初衷，都是因為二個字——「關懷」。

儘管創作過程可能很辛苦，但一想到這項設計可能會改變很多人的生活，這些辛苦也就都不算什麼了。

臺灣・南投
Taiwan, Nantou

劉大潭

## 用柯南精神解謎　把困難當作挑戰

回想這三十多年來的各種發明，劉大潭坦言，設計過程中經常充斥各種困難，但這絲毫沒有澆熄他的發明熱情，相反的，他把這些瓶頸都當作挑戰，就像是偵探解謎一樣樂在其中。

劉大潭在求學時代，一直是個極為用功的學生，而這種認真求知的態度，並未因為畢業而終止，他離開學校以後，仍孜孜不倦讀書，尤其是他感興趣的機械、電腦等領域相關的書籍，他更是努力吸收，一有新技術問世，他就馬上找來研究、學習。

## 讀書是有用的　知識就是力量

劉大潭過去曾去大專院校兼過課，發現許多學生對於讀書完全不感興趣，就連課堂指定教科書也不想閱讀，他內心都深深為他們感到惋惜。他覺得，如果你想要增強自己的實力，讀書是最便宜又方便的辦法，因為在書上就可以學到的東西實在太多了！

攝影／曾千倚

劉大潭想要告訴每一位讀者，當你遇到困難時，輕易認輸是最傻的事情，一旦放棄，就什麼都沒有了。

他自己之所以能維持那麼充沛的發明能量，靠的就是主動的閱讀與探索，很多「功夫」都是書本教他的，有書卻不讀，實在是太可惜了。

## 一讀書，二問人

遇到自己搞不懂的地方，劉大潭有兩個標準動作：第一個是看書，第二個是問人。如果無法在書裡找到答案，劉大潭就會想辦法去問人，所有擁有一技之長的人，都是他的良師益友，很多人看他對知識這麼渴求，也都很樂意把自己的知識傾囊相授。

遭遇困難是發明過程中的必要過程，只要你努力去突破困難，縱使暫時還是失敗，也沒有關係，因為在這個過程中必有成長，你一定會比原先的自己更強大。

# 09 一個逆轉勝的燦爛生命

如果你和朋友們一起玩撲克牌遊戲時，運氣很不好，被發到一手超級無敵大爛牌，一般人大概會想：「這肯定會輸慘了！」有些人可能會自暴自棄、隨便亂打，有些人可能悶悶不樂的玩完這場遊戲，甚至有些人乾脆就直接走人棄玩了。

劉大潭就是一個在遊戲開始時，就被發到一手超級無敵大爛牌的人。

他出生在貧窮的南投山區，三歲時，因為誤打過期疫苗而終身殘障，這手牌，還真是壞到不能再壞了。

現在時下流行一個名詞叫做「人生勝利組」，他們天生就擁有顯赫家世、出色外表，長大後，求學、求職也都十分順遂。相較於他們，劉大潭前半段的人生簡直是失敗得可以，一路上布滿荊棘、處處受挫。

當年劉大潭國中畢業後，曾經去鄉公所打工，幫人家接聽電話，有一個民眾到鄉公所辦事，看到雙腿萎縮、必須以手代腳的劉大潭，竟然出言不遜：「欸，這裡有一隻狗！」

不只是陌生人會投以異樣眼光，就連周遭的親戚、鄰居，也都認定他這輩子注定是「廢人」了，紛紛建議他父母直接放棄他。

但是，劉大潭並沒有放棄自己，相反的，他比任何人都認真、熱情，硬是把這一手超級無敵大爛牌，打成了個「逆轉勝」。

劉大潭的好朋友，同樣也是身障人士、有「廣告才子」之稱的范可欽，曾這麼形容他：「走路像條狗，生活像條龍。」

儘管先天條件是如此不利，但是劉大潭用過人的努力以及毅力，活出一個熠熠生輝的人生。

## 設定目標，把壓力當動力

劉大潭有一個很獨特的優點，那就是：強烈的「目標」意識。

每個人都有願望或夢想，但如果沒有把這些期待化為目標，願望最後只是奢望，而夢想也只是幻想而已。

劉大潭九歲那年，對自己許下了三個願望，分別是：拿到大學學位、找到可以養活自己的飯碗、娶妻生子，對於自己的願望，他不僅僅是心中羨慕、渴望而已，更設下了「三十歲以前達成」的具體目標。

為什麼設定時間表很重要呢？因為，人是很容易鬆懈和拖延的動物，如果沒有時間表，最後很容易就不了了之，有了時限，才會產生要付諸實行的緊張感，不然，就只是做白日夢而已。

雖然時間限制可能會造成壓力，但是劉大潭始終覺得，壓力並不是敵人，而是朋友，它會督促我們咬緊牙關繼續前進，直到達陣的那一天。

## 方法＋工具＝解決方案

雖然現實中存在很多困難，但是劉大潭始終堅信一個人生公式：「方法＋工具＝解決方案」，這個公式的意思是，有了目標以後，就要尋找方法與工具，好破解阻擋在眼前的難關，來找到解決的方案。

劉大潭的目標是拿到大學學位，但是他在高中階段，就面臨繳不出學費的難題，於是，他開始盤點自己當時擁有的能力，一個是機械製圖，另一個則是書法，於是，他努力爭取暑假在鐵工廠打工、寒假賣春聯的工作，賺取註冊費與生活費。

高中畢業後，因為沒有餘裕可以上日間部大學，他選擇退而求其次，先找工作，等到經濟穩定下來以後，再去攻讀夜間部大學。因為設定的目標非常明確，剩下的就是評估現況，找到方法確實執行。

劉大潭也把這樣的態度放在發明工作上，一旦決定要設計某樣發明，他就會為自己設定一個時間表，在預定時間內要畫完設計圖、達到特定進度，鞭策自己能夠按部就班完成計畫。

中途如果發現有不足的地方，則設法去補強，例如，他在設計「微電腦控制六通閥」時，發現自己對於微電腦的自動控制知識不足，便去買書用功自學，並請教相關領域專家，讓自己可以盡快學會這項工具。

一九五六年出生的劉大潭，目前已經六十一歲，在這一甲子的歲月中，他經歷過各種大大小小的考驗，他很少去煩惱事情有多麼困難，而是把眼光放在「解決方案」上，他相信，只要找出「方法」，用對「工具」，問題就能迎刃而解。

## 做一個給別人舞臺的人

當劉大潭還是個小孩子時，很多長輩都以為這孩子恐怕一生都要靠社會福利或慈善救濟過活了，甚至還有人建議他去當乞丐，靠著別人的憐憫維生。就連他的親生母親，也曾經擔心劉大潭將來會很悲慘，即使家裡窮，還是拚了命要生一個弟弟，將來父母百年之後好繼續照顧哥哥。

但是，劉大潭很有骨氣，他很早就立志——自己絕對不要做一個手

WORK

心向上的人，他要靠自己，不要靠別人。

他這輩子到現在，從來沒領過政府一毛錢的殘障津貼，讀書靠自己籌措學費，出社會靠自己賺錢，後來還自立門戶創業，這一步步走得無比艱辛，但也豐富踏實。

如今，劉大潭不但完成了自己許多人的生夢想，他甚至還想幫那些跟他有類似處境的人，也找到屬於自己的人生舞臺。

劉大潭從小到大都以第一名成績畢業，但找工作時卻被兩百家公司拒絕，正因為自己嘗過那種被眾人否定的滋味，他特別能體會弱勢者的處境，很多身障者欠缺的，並不是「能力」，而是「機會」。

為此，他成立了「劉大潭希望工程關懷協會」，協會的重要宗旨之一，是預計要籌資一千萬，在高雄旗山蓋一家庇護工廠，幫助那些雖然身殘，但腦不殘，心也不殘的身障朋友們找到尊嚴與舞臺。

劉大潭的計畫是，初期先招募八十位身障朋友，按照個人性向與能力做分組訓練，他會把自己一身絕藝傾囊相授，等訓練完畢以後，再分發去做研發、設計、繪圖、製造、行銷等工作。

劉大潭深信，一個人必須要能夠自立自強，才能活得有信心、有尊嚴，進而邁向自我實現、自我超越的境界。但是身障朋友礙於身體上的限制，加上社會仍存在歧視態度，使得身障者很難找到適合的工作機會，劉大潭想做的，就是為他們搭建一個可以盡情發光發熱的舞臺。

辛苦籌設了兩年多，這間位於旗山的庇護工廠終於將在二〇一七年正式開幕，對劉大潭來說，這只是個起頭，他還夢想著未來能夠建立更多庇護工廠，點亮許多人的生命。

## 要說幸好，不要說早知道

劉大潭在演講中常告訴他的聽眾：「你要說『幸好……』，不要說『早知道……』。」

這是什麼意思呢？

因為，「幸好」是有備而來，而「早知道」是後悔莫及。

你有沒有發現，當你說「早知道……」這個句頭時，通常都帶有無限悔憾？

「早知道會考這麼慘，我當初就用功一點。」

「早知道會發生這種意外，我就不該颱風天還跑去溯溪。」

「早知道幾年前我就每天讀一點英文，就不會面臨這種有口難言的窘境。」……

千金難買早知道，當我們說出「早知道」的句子時，都是對過去的自己充滿後悔，一直不斷在說「早知道就如何如何」，卻從來不想改進的人，最後一定會陷入「老大徒傷悲」的結局。

但是，「幸好」這個句頭則不一樣，我們在講「幸好」這個句子時，經常是在享受付出努力後，收割甜美果實時的快樂。

「幸好當初有好好用功，這次考試成績還不錯呢！」
「幸好我沒在颱風天還貪玩去溯溪，否則就被困住了。」
「幸好我這三年每天都有讀一點英文，現在出國正好可以派上用場。」……

劉大潭用他逆轉勝的燦爛人生見證了這個道理，雖然他從小就被發到了一手超級無敵大爛牌，但「幸好」他從沒放棄過自己，「幸好」他一直是這麼、這麼的努力著，所以才能夠翻轉命運，成就自己。

你想做一個不斷懊悔著說「早知道」的人？
還是想做一個歡喜說「幸好」的人呢？
相信你的心中已經有了最佳答案。

設計思考報報

# DESIGN POST

臺灣・南投
Taiwan, Nantou

劉大潭

## 我有一個夢
## 讓身障朋友安居樂業

「我有一個夢，想要蓋一座庇護工廠，讓所有跟我一樣的身障朋友，能夠培養自己的專業，發揮自己貢獻社會的能力。」劉大潭有感而發的說，自己從小到大從未領過政府發放的任何補助津貼，因為他並不覺得身障會為自己帶來太多的限制，相反的，他期許自己成為一個手心向下的人，提供身障者工作機會，培養他們具備專業能力，也希望自己還放在抽屜裡的許多設計圖，可以一一實現，造福人群。

劉大潭的發明故事仍是「現在進行式」，他現在腦中正在計畫的新發明，是做一個能讓賣鹹酥雞、臭豆腐的店家使用的裝置，能有效的阻絕油煙與臭氣，讓居民和店家老闆都能擁有較理想的空氣品質。

二〇一七年，這間為提供身障者工作機會的庇護工廠即將完工，讓我們一同拭目以待這位以關懷社會為本的發明家，未來還有哪些精采的發明點子吧！

好的設計發明不僅能為我們的生活帶來便利，
更能解決社會人群的困難與需要。
接下來，我們將深入了解劉大潭的三大發明，
一同了解發明家的創作源頭，
以及解決問題的好設計其背後的設計原理。
也邀請你一起來動動腦，
創造出解決使用者需求的好提案！

# PART 3

# 認識好設計：設計思考學習單

DESIGN THINKING

# 認識設計思考

## 什麼是設計思考？

設計思考（Design Thinking）是一套用來解決複雜問題的思考方法，主要的概念是從使用者需求出發，去設計產品、服務或體驗。這個概念是由大衛．凱利（David Kelley）所提出，他認為好的設計不應該只是注重外表的美觀與時尚，應該是從使用者經驗和需求來思考，因此他具體提出五個循環的步驟，來為使用者解決生活中的問題。

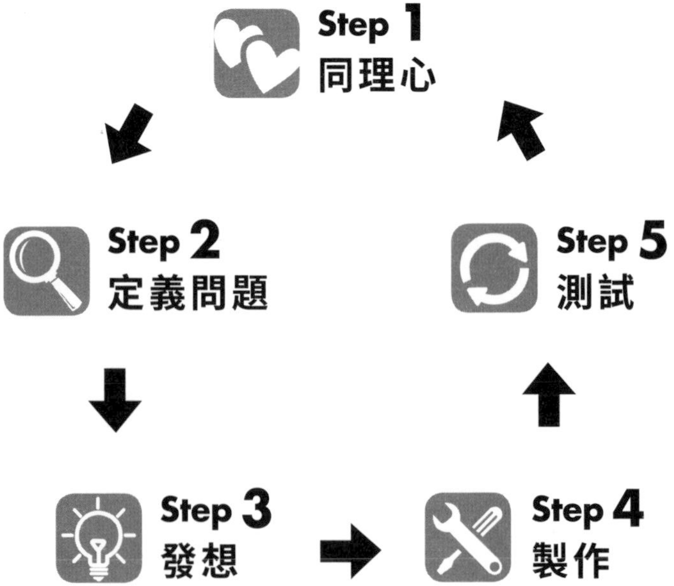

### Step 1 同理心

從挖掘別人感到困擾的一個問題開始，透過仔細的觀察和訪談，設身處地考慮使用者的經驗，找出自己的獨特發現。

### Step 2 定義問題

根據自己的發現，澄清想要為別人解決的問題。

### Step 3 發想

開始進行腦力激盪，把所有想到的點子都寫下來。

### Step 4 製作

動手做出一個原型，不管是實體、計畫還是數位的原型都好。即使一點都不完美也沒關係，因為設計思考的精神是「愈早失敗，愈快成功」。

### Step 5 測試

對原型進行測試，然後根據別人的使用經驗進行修改、再測試，直到能真正有效的解決使用者的問題。

好工具能夠解決我們的真實需求，為我們的生活帶來莫大的便利。接下來，讓我們一起認識劉大潭先生的三個重要發明，看看他如何運用設計思維，創造出許多解決社會問題的好發明。

認識好設計 **01**

## FIRE ESCAPE SLING

# 免電源高樓緩降機

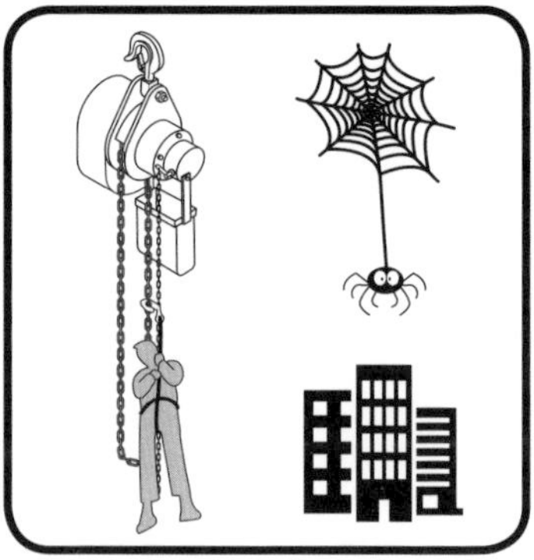

# 1.

**Q 為什麼劉大潭會發明「免電源高樓緩降機」？**

這個發明的設計思維，源起於劉大潭某天在電視新聞報導中，看到一場大火葬送了數名大學生的性命。報導中指出，當發生火災時，若起火點在低樓層，不可以搭電梯或走樓梯逃生，因為此時電梯管道及樓梯間都變成濃煙密布的煙囪了。那麼，當往下逃生有困難時，到底該往何處逃呢？

**Q 如何在火災事故現場，能更快速疏散人群？**

陽臺和窗戶是理想的逃生出口，但我們需要一個工具來幫助垂降。這個工具不能用到電力，因為火災時供電都停止了；而且不管體重多少，在這個工具上都要等速下降。

## 2. Q 發明的靈感竟是來自一隻蜘蛛？

劉大潭作了很多實驗，最後他仔細觀察並模仿蜘蛛垂降方式，利用學校教過的「人體重力」、「離心力」及「磨擦力」，當三個力達到平衡，不分男女老少都可以順利藉由這套緩降工具安全垂降了。

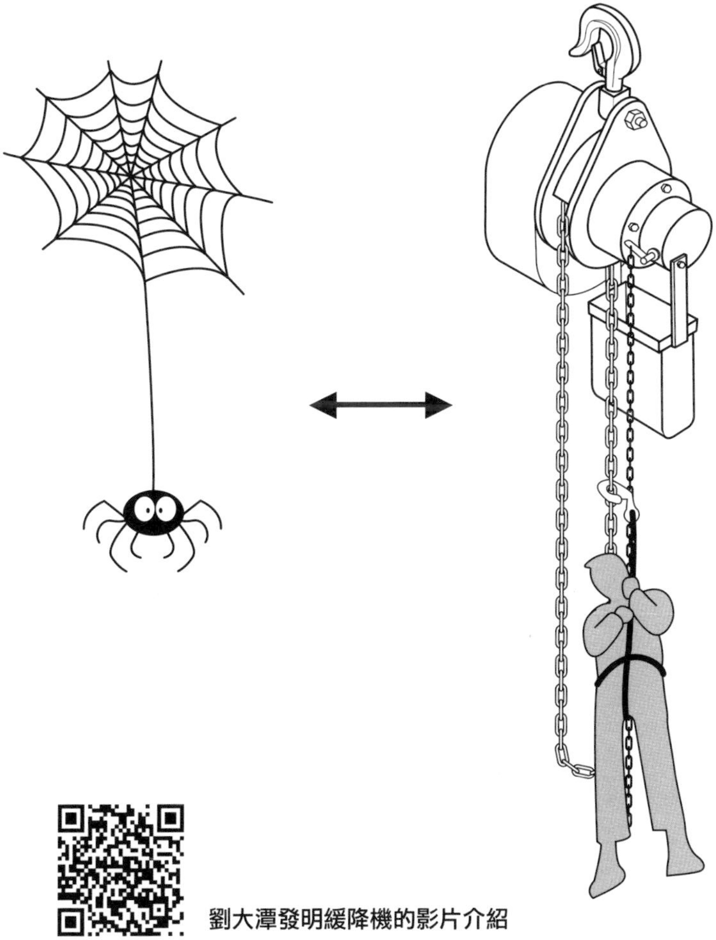

劉大潭發明緩降機的影片介紹

認識好設計 **02**

# OVAL TYPE DAMPER VALVE
# 耐高溫橢圓碟閥

# 1.

**Q 為什麼劉大潭會發明「耐高溫橢圓碟閥」？**

這個發明的設計思維，源起於有一天，劉大潭在電視上看到火葬場遭到附近居民集結抗議的新聞，因為屍體燃燒以後，空氣中會瀰漫惡臭，嚴重影響周遭鄰居的居住品質。

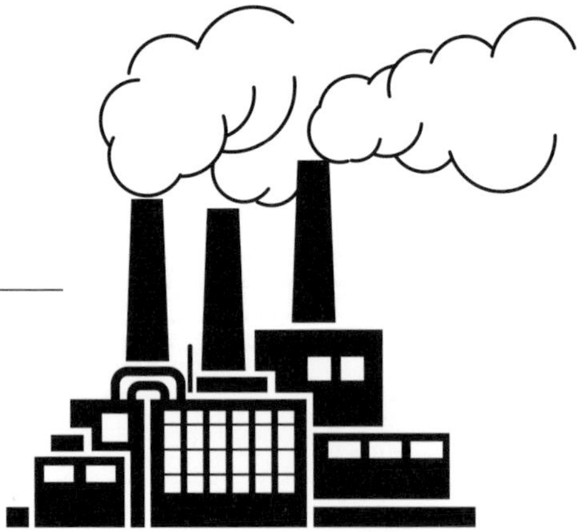

**Q 劉大潭想要解決的問題是什麼？**

其實不只是火葬場，有些住在工業區、垃圾焚化爐或紙漿廠附近的人，有時隨著風向會聞到空氣中的臭味，那些臭味是燃燒不完全或是化學溶劑的成分，不僅難聞而且可能會危害社會大眾的健康，如果能夠研發出一種燃燒後不會產生臭氣的裝置，不就皆大歡喜了嗎？

# 2.

**Q 如何讓閥門能夠緊密接合，讓臭氣不外洩呢？**

有一天，劉大潭在切香腸時觀察到：垂直切，斷面是圓的；斜著切，斷面是橢圓，這個道理，似乎可以運用在閥門上！原來，只要把閥門碟片形狀改做成橢圓形，橢圓形碟片一開一閉，就能與圓形的外圈接觸面完全密合，「耐高溫橢圓碟閥」這個好設計終於誕生了！

**Q 如何能夠去除物體焚燒後產生的臭氣和毒氣？**

劉大潭作了很多實驗，結果發現用「高溫裂解法」可以去除臭氣和毒氣，但是處理臭氣、毒氣需要耐高溫的閥門開關，目前市面上買不到耐高溫又密合的閥門。他想到，只要用金屬來做閥門，就能克服無法耐高溫的問題。

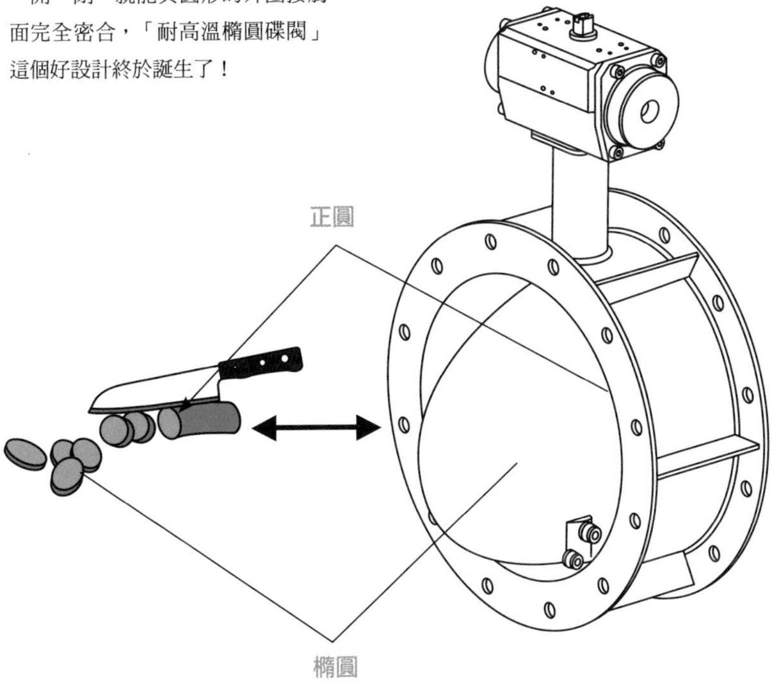

認識好設計 03

## AUTO MULTI-PORT VALVE
# 微電腦六通閥

# 1.

**Q 為什麼劉大潭會設計「微電腦六通閥」？**

這個發明的設計思維，源起於十多年前，劉大潭看到一則新聞，提到高鐵在試車時，中南部有些縣市因超抽地下水的情況嚴重，導致每年地層都下陷好幾公分，未來可能造成軌道變形而危及營運安全。

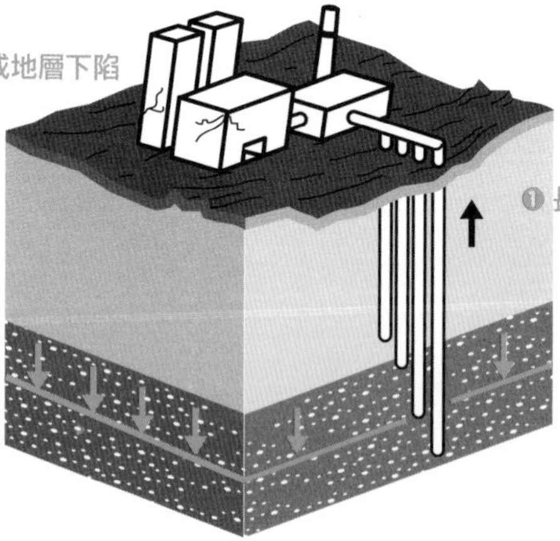


**Q 為什麼會地層下陷？**

地層的重量，是由土壤中顆粒及孔隙中的地下水壓共同支撐的。長期超抽地下水，會導致地下水位下降，因缺少了地下水壓的支撐，造成地層下陷。

**Q 如何解決地層下陷？**

劉大潭想到的是，首先應該要有一個過濾的設備，能夠讓游泳池、洗車場、養殖場的水重複過濾再利用，不用頻繁換水。其次是濾材應該要能夠清洗，減少濾材更換，並維持良好的過濾效果。同時最好能有自動控制，讓使用者不必定期進行手動切換。

# 2.

**Q 有沒有省錢的方法，可以過濾大量的水？**

汙水經過濾後反覆使用，可以減少水資源的浪費。但該如何過濾大量的水呢？劉大潭先想到的問題是：地下水是如何形成的？原來地下水是雨水經過地層泥土和砂石後，會過濾掉髒東西，因此愈深的地下水會愈乾淨。於是他嘗試作了一個模仿地層的砂桶，把髒水由上倒下，經過過濾桶底就會流出乾淨的水。

**Q 砂桶中的堆積物很難清除，該怎麼辦？**

劉大潭想到應該可以自動逆洗，水從桶底下灌入，把上層堆積物沖出去，排放去澆花，讓清洗濾桶的水透過土壤，再回到地下水層。

「微電腦六通閥」正是一個具備全自動過濾、逆洗、正洗、排放、停機、軟水等功能的發明，能讓水資源循環再利用。

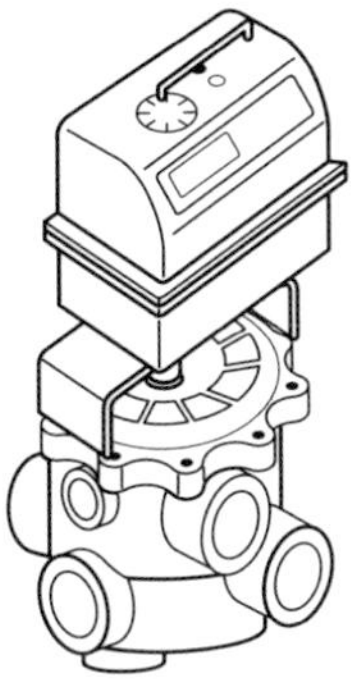

微電腦六通閥

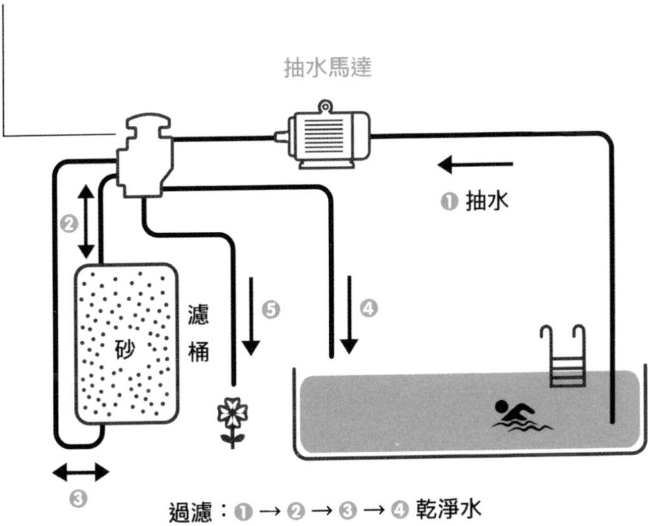


過濾：❶ → ❷ → ❸ → ❹ 乾淨水
逆洗：❶ → ❸ → ❷ → ❺ 澆　花
正洗：❶ → ❷ → ❸ → ❺ 澆　花

# 我的發明任務 1

## Step 1 同理心

請你與班上的同學聊聊，看看在學校的學習生活之中，有沒有什麼難以解決的困擾？試著把你聽到的問題記錄下來。
例如：學校的廁所好髒、好臭。

## Step 2 定義問題

在剛剛訪問者提出的困擾之中，我覺得可以嘗試去著手解決的問題是：

## Step 3 發想

想想看，有沒有什麼方法可以解決上面的問題？在學校課程中，有沒有可以運用的知識？有沒有現成的技術，對於解決這個問題能有所幫助？

學習單設計者：澎湖縣國小候用校長　林妍伶

## Step 4 製作

試試看將你的想法寫出來或畫出來，也可以用身邊的材料動手做做看。
當我們試著把想法記錄下來或做出來，就朝解決問題又邁進了一步！

## Step 5 測試

接下來，我們需要透過真實的測試，讓你的需求對象試著使用看看，看看你的提案能不能有效的幫忙解決他們的問題。透過測試你可以再次進行修改，讓你的提案更盡善盡美。

▶ 我的新發明叫做：

▶ 我要測試的對象是：

▶ 這項測試是否有危險性？

▶ 這項測試是不是需要做什麼事前準備？

▶ 此次測試結果紀錄：

▶ 這項測試（或發明）能夠帶來什麼樣的改善？

▶ 我的修改方案：

# 我的發明任務 2

## Step 1 同理心

請你觀察一下你所居住的社區，看看在社區中的人們，有沒有什麼難以解決的困擾？試著找一位鄰居進行訪問，把你聽到的問題記錄下來。例如：商家和車輛佔用人行道，使得嬰兒車、身障或視障者不便通行。

## Step 2 定義問題

在剛剛訪問者提出的困擾之中，我覺得可以嘗試去著手解決的問題是：

## Step 3 發想

想想看，有沒有什麼方法可以解決上面的問題？在學校課程中，有沒有可以運用的知識？有沒有現成的技術，對於解決這個問題能有所幫助？

學習單設計者：澎湖縣國小候用校長　林妍伶

## Step 4 製作

試試看將你的想法寫出來或畫出來，也可以用身邊的材料動手做做看。
當我們試著把想法記錄下來或做出來，就朝解決問題又邁進了一步！

## Step 5 測試

接下來，我們還需要透過真實的測試，讓你的需求對象試著使用看看，看看你的提案能不能有效的幫忙解決他們的問題。透過測試你可以再次進行修改，讓你的提案更盡善盡美。

▶ 我的新發明叫做：

▶ 我要測試的對象是：

▶ 這項測試是否有危險性？

▶ 這項測試是不是需要做什麼事前準備？

▶ 此次測試結果紀錄：

▶ 這項測試（或發明）能夠帶來什麼樣的改善？

▶ 我的修改方案：

# 我的超級任務3

## Step 1 同理心

請你想一想，有沒有什麼是你自己想要改變的事物、行為或習慣？試著把你想要改變的事物、行為或習慣記錄下來。

## Step 2 定義問題

在上面的問題之中，我覺得造成的原因有可能是什麼？可以嘗試去著手解決的問題是：

## Step 3 發想

想想看，有沒有什麼方法可以解決上面的問題？在學校課程中，有沒有可以運用的知識？有沒有現成的技術，對於解決這個問題能有所幫助？

學習單設計者：澎湖縣國小候用校長　林妍伶

## Step 4 製作

試試看將你的想法寫出來或畫出來，也可以用身邊的材料動手做做看。
當我們試著把想法記錄下來或做出來，就朝解決問題又邁進了一步！

## Step 5 測試

接下來，我們還需要透過真實的測試，看看你的提案能不能有效的幫忙解決自己的問題。透過測試你可以再次進行修改，讓你的提案更盡善盡美。

- 我的新發明叫做：

- 我要測試的對象是：

- 這項測試是否有危險性？

- 這項測試是不是需要做什麼事前準備？

- 此次測試結果紀錄：

- 這項測試（或發明）能夠帶來什麼樣的改善？

- 我的修改方案：

作者的話

# 成為一個手心向下的人

劉大潭

親愛的讀者，你曾經想像自己成為一位發明家嗎？你覺得「發明」是一件很困難的事嗎？

常常有人問我，讀書的目的是為了什麼？我會肯定的告訴他：讀書是為了學習「解決問題的方法」。我們常常從新聞媒體中看到一些社會的問題，或是身邊的家人、朋友，甚至是自己遇到了一些困難，遇上了問題當然要想方法解決了，可是有時候找不到現成的方法來解決，該怎麼辦？這時，你不妨試著自己動手做出來一個好工具，說不定就能成為你的發明、你的專利了！

其實發明真的沒有想像中的困難，從我十二歲為了解決自己的不便而發明了一臺滑板車，至今我已經發明了將近兩百樣東西。因為我的發明一開始就是從解決自身問題而出發，因此我從小就深深感受到，能夠發明好工具來幫助自己與別人，讓大家的生活變得更美好、更方便、更舒適，真的是一件很酷的事！

什麼？你問想要成為發明家該怎麼開始？這真是個好問題！以下是我的建議：

發明前的第一件事是「傾聽」，仔細傾聽你身邊的家人、同學、朋友、老師，或者是社會上你不認識的陌生人（或甚至是你自己），了解他們想要解決的困難和需求，你可以準備一本筆記本，把這些你觀察到的心得一一記錄下來，這些寶貴的資訊都是創意發想的最佳來源，像我關心最多的是電視新聞報導，從中可以獲得很多靈感。

接下來，就要開始設定目標。你可以拿出一張紙和一支筆，把想要解決的問題寫在上面，然後把自己源源不絕的點子全都畫或寫下來。設定好你要解決的問題，想好你的發明該具備的功能，只要做到這個步驟，你就距離發明之路不遠了！

千萬別小看自己每天在學校學習的各種科目，因為透過唸書，可以讓我們用最快速的方式獲得大量的知識，有了知識就能夠作為設計的基礎、創意的燃料，例如你想要畫一個設計圖，不可能只是空想或幻想，一定要有知識作支撐才會提出具體務實的解決方案。

我期待你懷抱著想要探究問題、解決問題的熱情，以及遇到挫折時，願意克服困難的毅力，而不是直接放棄。等著爸爸、媽媽、老師幫自己解決問題很容易，但唯有靠著自己的努力，才能真正的改變自己、改變世界。

攝影／曾千倚

劉教授想鼓勵曾經遭遇挫折與失敗的讀者，天無絕人之路，一扇門關了，一定會有另一扇窗為你開啟，期待你多學習、多付出，多關懷，一定會走出自己的一條路，祝福你！

推薦文1

# 一本獻給所有兒童及青少年的啟蒙書

——宜蘭縣政府教育處處長　簡菲莉

作為一位母親，我一定要推薦《用手走路的發明王》給所有的兒童及青少年閱讀。理由之一是這本書的插畫，是以童話手法詮釋，生動的襯托出書中故事內容。其次，本書的取材並非刻版印象中的「人物傳記」，更非遙不可及的「偉人故事」，而是來自於你我真實生活中的本土發明家劉大潭的故事。

在我閱讀書中故事時，經常浮現出小時候閱讀安徒生童話故事裡《醜小鴨》和《拇指姑娘》的景象，有種似曾相識的親切感。還記得嗎？醜小鴨一出生就受盡欺凌冷落，不僅在鴨群中是這樣，連在雞群中也是這樣。而拇指姑娘從出生便過著非常艱苦的生活，雖然身材小得微不足道，卻具有偉大高超的理想——她嚮往光明和自由。此外，她還有一顆非常善良的心，在非常困難的條件下還盡量關心別人。想一想，是不是跟本書故事主角劉大潭既積極又樂觀的特質非常相似呢？

作為第一線教育工作者，我極力推薦本書給國小至高中職孩子閱讀。書中帶領我們了解劉大潭克服身體障礙，積極面對極惡劣環境，力爭上游的奮鬥過程。放眼望去，現實環境中充斥著負面教材，許多人人手一機，沉溺在虛擬空間與爭鬥遊戲當中而無法自拔，每當日常生活稍遇不如意，輕者退縮，重者失控，產生損人不利己的行為。

本書故事主人翁想要告訴每一位讀者：當你遇到困難時，輕易認輸是最傻的事情，一旦放棄，就什麼都沒有了。只要你努力去突破困難，縱使暫時還是失敗，也沒有關係，因為在這個過程中必有成長，你一定會比原先更強大。這是多麼鼓舞人心的真實經驗談，真心建議本書故事可以作為各級學校的課內補充教材。

最後，由於個人的理工背景，特別對於書中的發明設計情有獨鍾，包括其中的構思過程與設計原理，這對於高中職的孩子具有學習啟迪的作用，透過發揮同理心、關懷他人以及從生活上解決問題出發，我們都可以學習書中主角務實提出改變現況的解方。

我誠摯推薦本書，並建議可以做為所有孩子的床頭書，每天讀一點，沒有任何負擔，用最輕鬆、自然的方式讀完，卻能在心中留下最深刻的感動。

推薦文2

# 啟動3D閱讀，就從【改變世界的好設計】開始！

——臺南大學附設實驗小學教師　溫美玉

閱讀每一篇故事都引發我濃濃的好奇與感動，內心不禁吶喊著：這絕對是讓中小學孩子，甚至大人都能受益的一系列書籍啊！本系列的特色有三：

一是書中所提到的發明，都是發明家基於對社會的關懷而創造，充分發揮了「設計思考」的理念。捨棄過往我們熟知的偉人傳記，這系列的選材與人物卻多了親切與人性，試想，若非這些發明家發揮「同理心」與「探究力」，懷抱「想要解決他人困難」的動機與熱情，我們的生活或身體運作不方便的人，豈能如現在的便利？

二是【改變世界的好設計】系列的規劃緣起，正提醒著我們現在所面對的未來，是一個六五%的工作還沒出現的世界。我們未來所從事的工作可以由自己定義，但是，若生活或學習無法跳脫傳統思維與框架，那麼就只能等著被機器人取代。面對人工智慧的時代，我們必須擁有「更靈敏的觀察眼界發現問題」、「更細膩的心思洞悉人類需求」、「更廣博的知識理解世界」，方能在未來世界找到屬於自己的定位。

三是3D閱讀的概念。這套書很容易在情感上讓孩子產生共鳴，快速認同發明家的處境與態度，除此之外，故事閱畢更能透過學習單擴充大量的科學知識，甚至能親自透過「設計思考」來學習如何構思及解決問題，也就是動手實作帶出「創客」（maker）的精神。多元、趣味又深度的閱讀，方能滿足新世代的需求啊！

這本書不僅適合個人閱讀，更建議親子或全班共讀，利用時間一起討論、思辨或延伸創意，一定會讓閱讀充滿無限樂趣與深度。

推薦文3

# 用心看見問題，用愛改變世界

——立法院榮譽顧問　楊玉欣

本書闡述了劉大潭先生傳奇般的生命故事，他以自身的例子證明「天無絕人之路」，且更可貴的是他那「因為關懷，所以創造」的信念，即使命運讓他的生命比多數人都更為辛苦，卻能在生命的幽谷中迸發人性最善最美的光芒，照亮了自己，也溫暖了他人。

同樣身為一位身心障礙者，我始終相信，面對生命的各階段境遇，要能「讓每個問題成為創造價值的契機」，而這也正是劉大潭先生體現的「設計思考」精神。

事實上，這個世界不缺乏問題，而是缺少「用心看見」的眼睛。每天，小至我們起床會用到的每一樣工具、路上會遇到的每一項設施、途中會需要的每一種交通運輸；大至食品安全的控管規則、教育工作的保障措施、醫療照護的法律制度……，有非常多的面向，需要我們用心看見各種「人」的需求、發現「問題」所在、懷抱著想讓人過得更好的「愛」，全力以赴地解決它。

劉大潭先生，他做到了！透過這本書，你將看到生命有無限的可能，每個靈光乍現的時刻，都等著不怕困難的你向前探險與體會。劉大潭先生的起心動念，不僅帶領他突破自我框架、活出精彩人生，更成就了超越小我、為更多人創造幸福的宏願。看完這個故事，相信你也可以，用心看見問題，用愛改變世界！

# 相信，我也能讓世界更美好

——DFC臺灣發起人　許芯瑋

「考試好多、書包好重！」「大家怎麼都不愛護社區裡的古蹟？」「學校廁所好髒、好臭！」「我們都不知道怎麼跟班上的新老師溝通……」「怎麼大家都不遵守交通規則，讓上學途中每個路口都充滿危險！」「我們愈來愈不會說母語，不知道怎麼跟長輩溝通！」……

提出上面這些問題的同學跟你年紀一樣大，他們深刻的感受到這些困擾，其中是否也有任何一個問題讓你產生共鳴？或是你曾聽過別人有類似的抱怨，甚至覺得大家都在等待別人來改變這些問題呢？

看完了發明家劉大潭教授的故事後，不知道你是否發現，其實我們在等待解決問題的人，就是我們自己，沒錯！這本書就是在邀請你，捲起袖子，相信自己和劉教授一樣，可以利用所學來改變身邊的問題！

而且恭喜你，在看完了這本書後，你在面對問題時，工具箱中除了「幹勁、語言能力、邏輯推理能力……」之外，又多了一個名為「設計思考」的工具，這就像是有了一臺3D列印機一樣，可以讓你把自己的瘋狂想法付諸實現，用來測試看看是否真的能解決原本的問題！

先透過訪談、聊天來「同理」因為這個問題而感到困擾的人（我們也可以稱他們為「使用者」），接下來試著「定義」這個問題，也別忘了再次跟使用者們確認你是否離問題的核心愈來愈近喔！定義問題後，開始發想各種可能的解決方法，這些方法可能非常天馬行空、大膽，但是別忘了，最後還需要根據你所擁有的資源、時間、人力等等的限制來篩選這些方法，最終將想法「製作」出來，並且跟使用者一起「測試」，也許你會發現自己成功地解決了這個問題，或是需要再回到起點，繼續「同理」使用者。

無論成功與否，每做一次設計思考的練習，你也許會發現自己愈來愈不害怕挫折，甚至覺得遇到每個瓶頸都是很精采的經驗，其實，這就是改變世界的重要特質之一——擁有「創意自信」！

著名的人類學家瑪格麗特．米德曾說：「永遠不要懷疑只有一小群認真思考、忠於實踐的人是否能改變世界，其實他們正是唯一曾改變世界的人。」

所以，你一點都不孤單，讓我們透過設計思考，將許多困在你腦海中的想法付諸實踐，跟著身邊的同學一起來讓臺灣、讓世界變得更好！

推薦文5

# 臺灣在地發明裡的動容篇章

——彰化縣原斗國小教師　林怡辰

親子天下這套《改變世界的好設計》系列，利用孩子在身邊隨處可見的好發明故事，讓孩子藉由書籍探究、感動、同理，進而去思考自己在世界的定位，最後成為未來最需要的人才——讓世界更好的力量。

本系列第二集國內身障者劉大潭先生的故事，尤其像一部高潮迭起的精彩電影，不一樣的是，這些發明的物品、人生點滴都真真實實、有血有肉。

劉大潭先生三歲時誤打疫苗而雙腿萎縮，家境清寒，連走到學校去上學這樣簡單的小事，都歷經許多波折和挫折。成長中遭受異樣眼光、學業成績雖然第一名，找工作卻被拒絕了兩百多次，最後靠著自己的意志力與毅力，設定目標和壓力共存，把一開始人人都以為他必定當乞丐的「原始設定」，連爸媽都要多生一個弟弟照顧他終生的「生命爛牌」，逆轉成從沒領過殘障津貼，還成為一個手心向下的人，開設庇護工廠，有計劃的照顧更多的身障朋友。說來三言兩語，過程風景卻讓人讀來內心澎湃不已！

而最令人敬佩的是劉大潭先生的設計發明，是因為看見社會大眾的需求，看見孩子因火災喪生的媽媽眼淚、心有不捨而發明出「免電源高樓緩降機」、解決焚燒物體造成廢氣的「耐高溫蝶閥」、希望解決臺灣西部超抽地下水導致地層下陷的「微電腦六通閥」等重要發明，背後的發想是出自溫厚的「同理心」和「關懷」。

在地的偉大發明感人篇章，讀來感動震盪，久久在心縈繞不去，這樣的感動怎能不讓孩子一起體會呢？誠心推薦給您，不容錯過《用手走路的發明王》。

改變世界
的**好設計**

## 02
## 用手走路的發明王：
## 身障發明家劉大潭

故事提供｜劉大潭
作　者｜李翠卿
繪　者｜陳佳蕙
責任編輯｜黃麗瑾
封面・版型設計｜三人制創
圖解插畫｜陳俊言
行銷企畫｜陳雅婷

天下雜誌群創辦人｜殷允芃
董事長兼執行長｜何琦瑜
兒童產品事業群
副總經理｜林彥傑
總監｜林欣靜
版權專員｜何晨瑋、黃微真

出版者｜親子天下股份有限公司
地址｜台北市 104 建國北路一段 96 號 4 樓
電話｜（02）2509-2800　傳真｜（02）2509-2462
網址｜www.parenting.com.tw
讀者服務專線｜（02）2662-0332　週一～週五：09:00~17:30
讀者服務傳真｜（02）2662-6048
客服信箱｜bill@cw.com.tw
法律顧問｜台英國際商務法律事務所・羅明通律師
製版印刷｜中原造像股份有限公司
總經銷｜大和圖書有限公司 電話：（02）8990-2588

出版日期｜2017 年 3 月第一版第一次印行
　　　　　2022 年 2 月第一版第十次印行
定　價｜300 元
書　號｜BKKKC062P
ISBN｜978-986-94433-0-2（平裝）

訂購服務
親子天下 Shopping｜shopping.parenting.com.tw
海外・大量訂購｜parenting@cw.com.tw
書香花園｜台北市建國北路二段 6 巷 11 號 電話（02）2506-1635
劃撥帳號｜50331356 親子天下股份有限公司



國家圖書館出版品預行編目資料

用手走路的發明王：身障發明家劉大潭 / 故事提供劉大潭；作者李翠卿；繪者陳佳蕙. -- 第一版. -- 臺北市：親子天下，2017.03
面；　公分. --（改變世界的好設計；2）
ISBN 978-986-94433-0-2(平裝)

1. 劉大潭 2. 臺灣傳記 3. 通俗作品

783.3886　　106001802